今日からできる教師の業務削減プラン15

笹森福男 著

学事出版

まえがき

「これって、本当に必要なのだろうか…」

　みなさんも学生時代には、一度はこのような疑問が頭に浮かんだはずです。学校行事や慣習の大部分は卒業には不必要です。また、それによって成績や調査書（内申書）の評価が下がることもありません。それなのに教員は、「やらないより、やったほうがマシ」という単純な理由で、必要性の低い業務を無限に増やし続けてきました。

「ブラック企業よりもブラックというのは、本当なのだろうか…」

　日本の教員は、世界No.1の長時間労働です。過労死ライン超えが常態化していて、毎年のように職員室の誰かが倒れ、最悪の場合には命を落とすことさえあります。ここ数年で、「ブラックなのに残業代ゼロ」であることが世間にバレてしまい、教員採用試験の倍率が低下し続けています。また、次世代の教員を生み出す教員養成大学も、倍率低下により誰でも簡単に入れるようになりました。その結果、多くの「問題教員」の増加が予想され、教育の質の低下が現実的となってきました。

「教員の働き方改革のブームは、すでに終了したんですよね…」

　一部には「教員の働き方改革は一過性のブームであり、それはすでに終息した」と認識する方々も存在します。しかし、ブラックな労働環境が改善される見込みはありませんし、逆に事あるごとに業務が増やされ、さらにブラック化しています。もし本当にブームが来るとすれば、どこかの自治体が定員割れを起こしたときでしょう。世の中の流れ次第では、数年以内に起こるかもしれません。ただし、そうなってからではすでに手遅れです。もはや、教員の働き方改革は、教員だけが我慢すれば良いという問題ではなく、日本の公教育が崩壊するのを避けるために必要なことです。

「このブラックな現状を、誰かが何とかしてくれるのでは…」

現場を知らない評論家や研究者の方々からは、働き方改革の全体的な方向性が示されるだけで、具体的な解決策が提案されることはありません。また、文部科学省や自治体の教育委員会からは、「ああすれば、こうなるでしょう」という、机上の空論が降ってくるだけです。さらに、財務省は少子化を理由に教員数を減らそうとしています。また、現場を熟知しているはずの教員が書いた類書は、独善的でキラキラした教育論に終始するだけで、何冊読んでもブラックは解消できません。

「だったら、捨てるしかないでしょ…」

現場の教員全員が、この事実に気が付いています。ただし、公立学校は同調圧力の強い組織であるため、「それって、本当に必要なのでしょうか？」と疑問を投げかけることは、恐ろしい禁忌とされています。アンデルセン童話の「はだかの王様」のように、無邪気に「王様ははだかだ！」と叫ぶことは、組織への反逆となります。そして、誰も何も言い出せないまま、日本全国の学校が疲弊し続け、職員室から少しずつ人が欠けていきます。

「いわゆる暴露本ですか…」

本書は、二部構成となっています。第Ⅰ部は、「教員の働き方の現状と業務削減の緊急性」です。まずは現状を把握して、「このままでは、マズいでしょ…」と同じ危機感を共有していただければと思います。この第Ⅰ部だけならば、本書が「王様ははだかだ！」と指摘しただけの無責任な暴露本と酷評されても仕方がありません。しかし、そう言われないために、「じゃあ、何を捨てればよいのか？」という現実的な具体案を、第Ⅱ部の「教員の業務削減＆改善プラン」で提案させていただきました。現状の法令・条例などを変える必要はなく、すぐにでも実践できるプランです。つまり本書は、単なる暴露本ではなく、「王様、はだかだとマズイので、この服を着てください」という問題解決を主題としているのです。

「第Ⅱ部の附章は、異質ですよね…」

附章のタイトルは、「LGBTQ と校則についての業務改善プラン」です。すでに、LGBTQ（性的少数者）が「ほぼ10人に１人」という時代ですが、学校は、「人間は男性と女性のみ」という二元論が大前提になっています。そのため、いつも児童生徒に対して「人の嫌がることをしてはいけません！」とお説教している教員が、LGBTQ への加害者になる可能性が出てきました。この附章を実行しても業務削減効果はあまりありませんが、少なくとも LGBTQ の児童生徒に対して、学校生活での心理的な負担を軽減することができます。教員の意識改革を促すことを目的として、この附章を追加させていただきました。

「料理のレシピ本のように、活用できそうですね…」

本書は、業務削減に特化した実用書です。小難しい教育論は全く含まれていません。また、類書とはケタ違いの数の具体案が提示されていますが、全てを順番に実践する必要はありません。料理のレシピ本と同じように、各学校の実情に合わせて自由に選んでください。また、レシピ本を読んでも空腹は満たされないのと同様に、本書を読んだだけでは教員のブラック問題は解決しません。まずは簡単なものから実施して、働き方改革の流れを生み出していただければと思います。

著　者

Contents

第2章 文部科学省と自治体による対策……32

第3章 なぜ教員の働き方改革が進まないのか……49

第Ⅱ部 教員の業務削減＆改善プラン

第4章 教員だけで完結できる業務削減プラン45

第7章 部活動についての業務削減プラン24

附章 LGBTQと校則についての業務改善プラン……148

第I部

教員の働き方の現状と業務削減の緊急性

なぜ教員の働き方改革が必要なのか

この章は、教育界の現状報告と緊急SOSです。あまりにも過酷な労働状況に驚かれるかも知れませんが、日本全国の公立学校で、ごく普通に起こっていることです。まずは、なぜ学校に働き方改革が必要なのかということを、ご理解していただければと思います。

1．小学校教員の33.4%・中学校教員の57.7%が過労死ラインを超える

残業が月80時間（1週間の労働時間が60時間）を超えると、脳卒中や心臓病で死亡する危険性が高まり、「過労死ライン」と呼ばれます。以下のグラフは、2018年9月に文部科学省から発表されました。ただし、特に繁忙期ではない「10月～11月のうちの連続する7日間」のデータで、なおかつ「持ち帰り残業」は含まれていません。

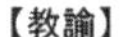

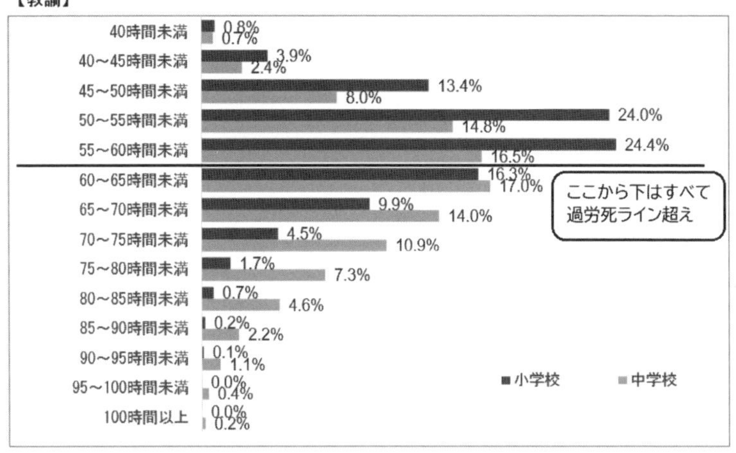

出典：文部科学省　教員勤務実態調査（平成28年度）の分析結果及び確定値の公表について（概要）（中央のラインと文字は筆者が追加）

2．北海道の高校教員の35.7%が過労死ラインを超える

高校の全国データはありませんが、2017年（平成29年）に北海道教育委員会が、「教育職員の時間外勤務等に係る実態調査（以下、北海道実態調査）」を公表しました（下図参照）。

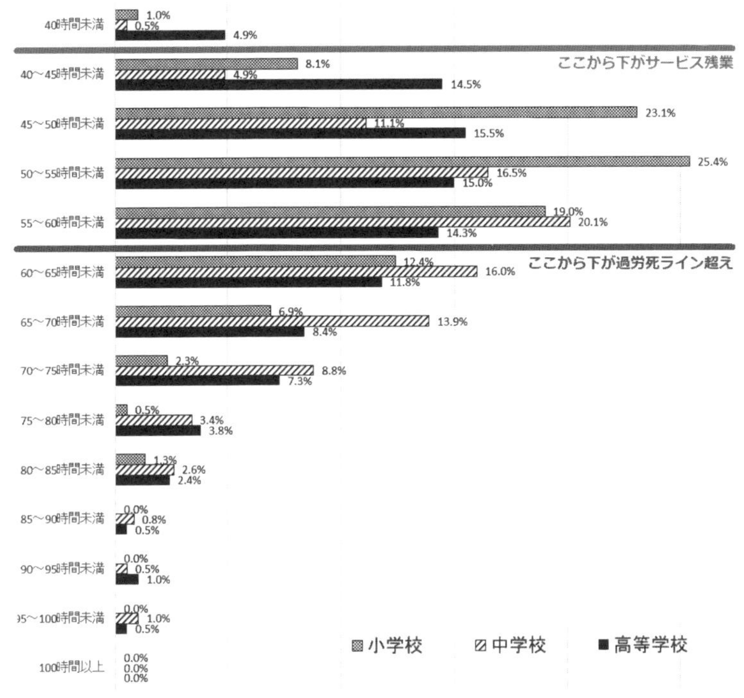

出典：教育職員の時間外勤務等に係る実態調査【概要版】（平成29年９月 北海道教育委員会）教育職員（主幹教諭・教諭）の１週間当たりの学内勤務時間の分布（持ち帰り時間は含まない）より筆者が作成

3．教員は、他の業種よりも労働時間が異常に長い

次頁の表は、連合総研（公益財団法人 連合総合生活開発研究所）による調査結果です。過労死ラインを超えの割合は、小学校教諭72.9%・中学校教諭86.9%であることが読み取れます。医師40.0%よりも過酷な労働条件であることがわかります。

小中学校教諭・医師・民間雇用労働者の週あたり労働時間の比較

	20時間未満	20時間～40時間未満	40時間～50時間未満	50時間～60時間未満	60時間以上
小学校教諭（N=661）				27.1%	72.9%
中学校教諭（N=411）				13.1%	86.9%
医師（N=3,429）	8.2%	5.7%	21.8%	24.4%	40.0%
建設業（N=117）	5.1%	24.7%	47.0%	9.4%	13.7%
製造業（N=469）	5.3%	29.6%	42.0%	13.9%	9.2%
電気・ガス・熱供給・水道業（N=30）	6.7%	30.0%	50.0%	10.0%	3.3%
運輸・情報通信業（N=301）	5.6%	26.2%	44.9%	14.3%	9.0%
卸売・小売業・飲食店・宿泊業（N=336）	14.0%	39.0%	28.8%	9.2%	8.9%
金銭・保険業・不動産業（N=167）	8.4%	33.6%	37.2%	11.4%	9.6%
その他サービス業（N=580）	17.1%	33.3%	34.5%	8.4%	6.7%

出典：公益財団法人 連合総合生活開発研究所　とりもどせ！教職員の「生活時間」2016年12月

4．日本の教員の労働時間は、世界 No.1

経済協力開発機構（OECD）は、2019年に国際教員指導環境調査（TALIS）の結果を発表しました。世界平均よりも異常に長い労働時間です。また、「課外活動（部活動）と一般的な事務作業（デスクワーク）に追われて、職能開発活動（自分を高める研修）をする余裕がない」という日本の教員像が推測できます（次頁の表）。

5．日本は、OECD 平均とほぼ同額の公的支出をしている

2015年、経済協力開発機構（OECD）は、教育機関に対する公的支出状況などの調査結果を発表しました。加盟各国の国内総生産（GDP）に占める支出割合は、日本は最低クラスです。ただし、財務省は、「日本は GDP の2.9％しか公教育にお金をかけていないが、そもそも子供が少ないことが原因であり、1人当たりで比較すると OECD 平均と遜色ない」と反論しています（20頁のグラフ参照）。

教員の仕事時間

		【仕事時間の合計】	指導（授業）(a)	学校内外で個人で行う授業の計画や準備 (a)	学校内での同僚との共同作業や話し合い	児童生徒の課題の採点や添削	児童生徒に対する教育相談（例：児童の監督指導、インターネットによるカウンセリング、進路指導、非行防止指導）
中学校	日本	56.0時間	18.0時間	8.5時間	3.6時間	4.4時間	2.3時間
	日本（前回調査）	（53.9時間）	（17.7時間）	（8.7時間）	（3.9時間）	（4.6時間）	（2.7時間）
	参加48か国平均	38.3時間	20.3時間	6.8時間	2.8時間	4.5時間	2.4時間
小学校	日本	54.4時間	23.0時間	8.6時間	4.1時間	4.9時間	1.3時間

		学校運営業務への参画	一般的な事務業務（教員として行う連絡事務、書類作成その他の事務業務を含む）(a)	職能開発活動	保護者との連絡や連携	課外活動の指導（例：放課後のスポーツ活動や文化活動）	その他の業務
中学校	日本	2.9時間	5.6時間	0.6時間	1.2時間	7.5時間	2.8時間
	日本（前回調査）	（3.0時間）	（5.5時間）	ー	（1.3時間）	（7.7時間）	（2.9時間）
	参加48か国平均	1.6時間	2.7時間	2.0時間	1.6時間	1.9時間	2.1時間
小学校	日本	3.2時間	5.2時間	0.7時間	1.2時間	0.6時間	2.0時間

出典：OECD 国際教員指導環境調査（TALIS）2018報告書 ー学び続ける教員と校長ー のポイント

６．平均的な公的支出しかしないのに、トップクラスの成績を期待している

2018年、経済協力開発機構（OECD）は、PISA という学力調査の結果を公表しました。これは、79の国や地域で15歳の学生に同じような問題を出して、世界規模で順位付けしたものです。日本の順位は、以下のようになっています。どの業界にも「安かろう 悪かろう」という常識は当てはまります。公教育に OECD 平均とほぼ同額のお金しか出さないのであれば、36位～40位が妥当のはずです。それなのに、OECD トップクラスの成績を期待するのが間違いです。

	参加国・地域	読解力	数学的リテラシー	科学的リテラシー
2015年	72	8位	5位	2位
2018年	79	15位	6位	5位

公財政教育支出の規模は、子供の数を考慮する必要

○　日本の公財政教育支出の対ＧＤＰ比は、ＯＥＣＤ諸国の中で低いとの指摘がある。
○　しかしながら、日本の子供の割合もＯＥＣＤ諸国の中で低い。

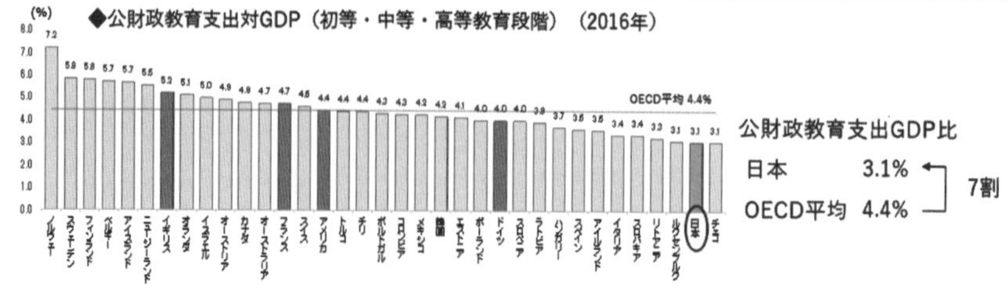

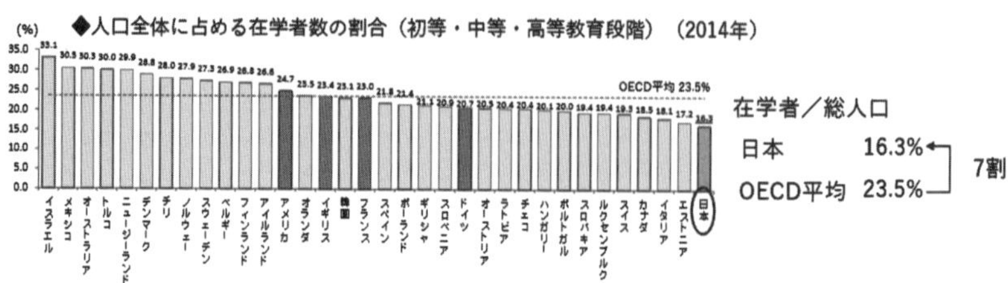

「一人当たり」の教育支出はOECD諸国と遜色ない水準

○　教育は子供一人ひとりに対するものであるという観点から、一人当たりで見れば、ＯＥＣＤ諸国と比べて、私費負担を含めた教育支出全体は高い水準にある。このうち公財政教育支出に限っても遜色ない水準。

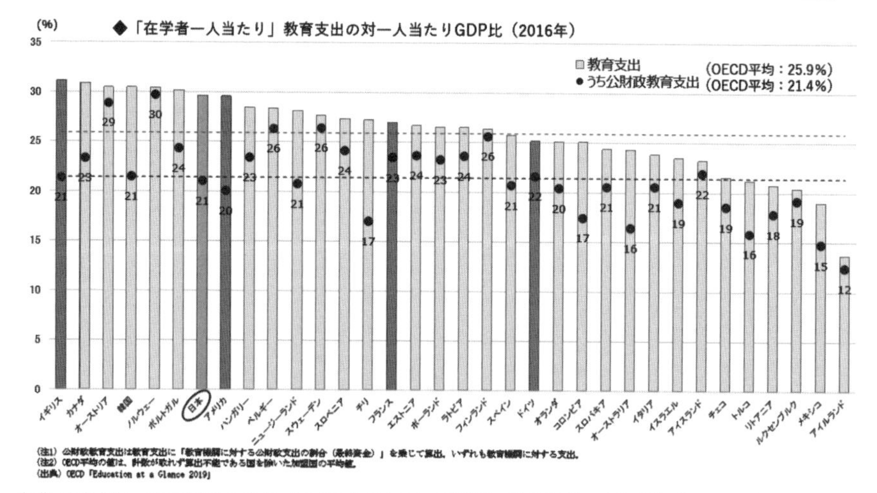

出典：財務省　財政制度分科会（令和元年11月１日開催）提出資料　（参考資料２）文教・科学技術
https://www.mof.go.jp/about_mof/councils/fiscal_system_council/sub-of_fiscal_system/proceedings/material/zaiseia20191101.html

7．教員の時間外労働は、「自発的なもの」と拡大解釈されて、すべて「サービス残業」

日本の教員は、世界No.1の長時間労働ですが、これらはすべてタダ働きです。これは、給特法（公立の義務教育諸学校等の教育職員の給与等に関する特別措置法）が関係しています。ブラック企業で採用されている「固定残業代制（みなし残業制）」と同じシステムで、「先に４％（１日当たり20分弱の給料）を支払うから、あとは残業代を全く支払いませんよ」という法律です。ただし、給特法には続きがあり、超勤４項目（①生徒の実習、②学校行事、③職員会議、④非常災害、児童生徒の指導に関し緊急の措置を必要とする場合等）と呼ばれる限られた場合にのみ、教員に時間外勤務を命じることができるとされています。現在の公立学校の教員は、労働時間内で終わるはずのない膨大な業務を任されているのに、自発的に長時間労働をしているのだと拡大解釈されてしまいます。「給特法があるから定額働かせ放題」というのは、現場の教員にも多い勘違いです。

8．給特法の４％という数値は、50年以上前のデータが根拠となっている

給特法は、1971年（昭和46年）に制定されました。ただし、４％という数字の根拠になったのは、さらに古い1966年（昭和41年）のデータです。この当時の小中学校の教員の平均残業時間は、１週間で１時間48分（勤務時間の４％）でした。ただし、50年以上も前の数字であるため、すでに現状とは大きくかけ離れています。なお、企業であれば労働基準監督署から強烈な指導が入る案件ですが、地方公務員の管轄は人事委員会という別の組織です。人事委員会は、「自発的なサービス残業を止める理由はない」という立場で、基本的には何もしていません。いわゆる「治外法権」です。また、2019年４月から、高度プロフェッショナル制度（研究職など専門職に対して、年収1,075万円を支払う代わりに残業代ゼロ）が導入されました。高プロ制度は、年収が大きく異なる以外は給特法と似ているので、「定額働かせ放題」に変質する危険性があります。

9．多様な生徒への対応などで、業務量が増えた

かつては、「学校とは勉強を教えるところであり、それ以外は家庭での躾である」という、古き良き時代がありました。ただし、現在の学校は、SNSトラブル・いじめ対応・食物アレルギー・発達障害・不登校・うつ病・モンスターペアレンツ・LGBTQ・児童虐待・共働き家庭の増加・国籍の多様化など、さまざまな問題への対応を期待されています。さらに、2020年からは、小学校で「英語」と「プログラミング」が正式教科となり、小学校の先生の負担も増加しました。

10．ドラマやアニメの影響で、「教員は聖職者で、何でもしてくれる」という幻想が生まれた

ドラマやアニメでは、教員は「生徒思いで何でも面倒を見てくれる頼もしいスーパースター」として描かれます。ただし、部活動の「熱血○○先生」は外部コーチで、教員免許がないので授業を教えていないという例も珍しくありません。授業と部活の両立を目指す真面目な教員ほど、命の危険を感じて教育界を去るか、そのまま命を落としてしまうかという恐ろしい二択を迫られます。

11．学校全体の業務量は増えたが、法律により教員数は増やせない

小中学校の教員数は義務標準法（1958年）で定められています。同じく、公立高校の教員数は、高校標準法（1961年）で決まっています。学校全体の業務量は増加傾向ですが、50年以上前の法律が基準となっているため、「仕事が多いのに教員数は増やせない」という矛盾が生まれています。以下の表は、普通科全日制の公立高校について、教諭等の数をまとめたものです。

学年当たりの学級数	1	2	3	4	5	6	7	8	9
全校生徒（人）	120	240	360	480	600	720	840	960	1,080
教諭等（人）	8	15	22	28	33	39	44	48	53

12. 学年当たりの学級数が１つ減ると、３年間で４～７人の教員が減る

少子化で募集人員が１学級（40人）減ることが確定すると、３年間で４～７人の教員が段階的に減らされます。生徒数が減っても維持しなければならない業務は山ほどあるので、結果的に、１学級削減となった学校では、教員１人当たりの業務量は大幅に増加します。2020年（令和２年）４月１日には、北海道教育委員会が、公立高校21校の学級数削減を発表しました。この21校では、世間一般の働き方改革だけでなく、人員削減による負担増加を強いられることになります。

13. 財務省は少子化を理由に、教員の数を減らそうとしている

財務省は、少子化を理由にむしろ教員の数を減らそうとしています。以下は、財務省と文科省による長年の攻防を簡略に表現したものです。

財務省：少子化で生徒数が減るのですから、教員数を減らして構いませんよね？
文科省：現状でさえ、教員は死ぬほど忙しいことはご存じですよね？
財務省：それは、教員自身が余計な仕事を抱え込んだことが原因です。それに文科省は、「少人数学級だと、生徒の成績が良くなる」というデータを示していませんよね？
文科省：…それは、そうなのですが…

14. 教員の多忙を知っているのは約６割で、残業代なしを知っているのは約４割

教員の働き方について、「教員が忙しいことを知っているのは60.6％」「公立校教員は『残業代なし』を知っているのは38.5％」という恐ろしいデータがあります。最初にこのデータを見たときには、「道理で、保護者からの無茶な要求が多いはずだ」と妙に納得しました。

●学校(※)の教員の働き方や学校運営についてお聞きします。
(※)ここでは、大学や専修学校などを除く地域の小学校・中学校・高校についてお答えください。

QT32	あなたは、学校の教員の平均的な労働時間が、他の地方公務員や民間の労働者に比べて長時間となっていることを知っていますか。

(回答は1つ)

回答数: 4302

知っている	60.6 %	知らない	39.4 %

QT32で「知っている」と回答した方におたずねします。

QT33	学校の教員の労働時間が長時間となっているのは、どのようなことが原因だと思いますか。主な原因と考えるものについて、3つまで選択してください。

(回答は3つまで)

回答数: 2607

選択肢	%
授業で教えるべき内容が多く、授業の準備に時間がかかる	48.8 %
部活動・クラブ活動の指導時間が長い	77.0 %
教員の数が足りない	33.1 %
いじめや不登校など対応課題の複雑化	38.7 %
教員の時間管理意識が希薄	12.2 %
放課後の保護者からの問合せや相談が多い	22.0 %
「子どもたちのために」という教員の使命感・責任感の強さ	7.9 %
登下校時の見守りやPTA活動など保護者や地域の協力体制が不十分	5.7 %
その他	1.6 %
原因はわからない	3.5 %

QT34	あなたは、公立学校の教員が所定内労働時間(あらかじめ決められた始終業時間)を超えて行っている、部活動指導や授業準備、テストの採点などの仕事には残業代が支払われないことを知っていますか。

(回答は1つ)

回答数: 4302

知っている	38.5 %	知らない	61.5 %

出典:公益財団法人 連合総合生活開発研究所　第36回 勤労者短観　－「勤労者の仕事と暮らしについてのアンケート」調査報告書－ 2018年11月

15. 学校がブラックであることが、世間にバレてしまった

各種のメディアにより、少しずつ「公立学校はブラック企業よりもブラックだ」と認知され始めました。イラストレーター「みふねたかし」さんが運営する「いらすとや」にも、以下のようなイラストが掲載されています。学校がブラックであることは、すでに世間にバレバレです。

出典:いらすとや　https://www.irasutoya.com/

16. 学校がブラックと周知され、採用試験の倍率が3.0を切ってしまった

学校がブラック職場という事実が世間に周知され、教員採用試験の倍率は低下し続けました。企業（および警察・自衛隊）には、「倍率が3.0を切ったらアウト」という暗黙の了解があるそうですが、そのラインも下回りました。特に北海道は、小学校1.7倍（ワースト4位）、高校4.7倍（ワースト1位）、全体で2.8倍（ワースト4位）、という不名誉な結果に終わりました（表のマル部分）。

図2　小学校　受験者数・採用者数・競争率（採用倍率）の推移

受験者数　採用者数　競争率（右軸）
（人）（倍）
受験者数 最高値（S55）74,822
採用者数 最高値（S54）22,975
受験者数 最低値（H5）34,735
競争率 最高値（H12）12.5
46,156
3,683
採用者数 最低値（H12）
2.8
47,661
17,029
2.8
（年度）

図3　中学校　受験者数・採用者数・競争率（採用倍率）の推移

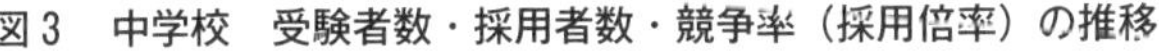

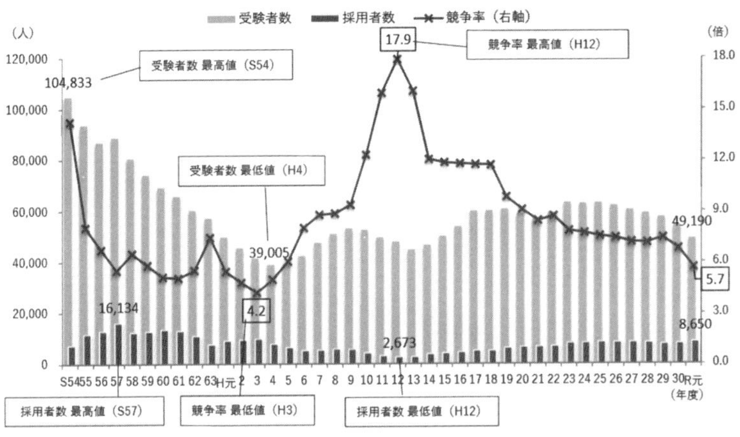

図４　高等学校　受験者数・採用者数・競争率（採用倍率）の推移

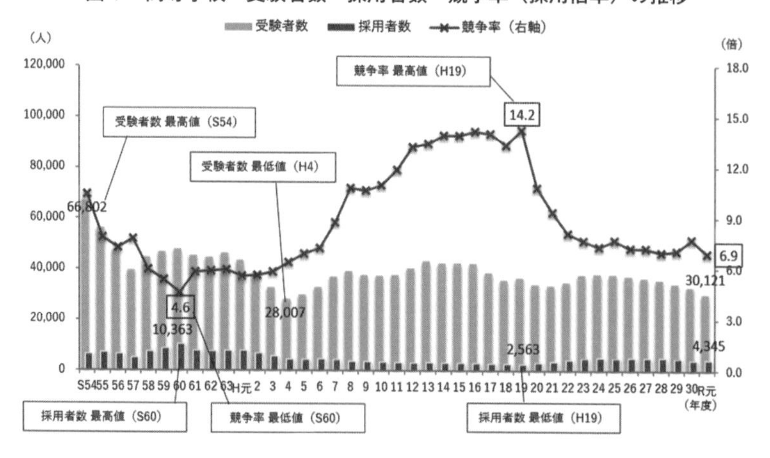

表１　競争率（採用倍率）が高い、低い県市（第２表より抜粋）

	計（※）			
	競争率が高い県市		競争率が低い県市	
1	沖縄県	8.9倍	新潟県	2.1倍
2	三重県	7.7倍	北九州市	2.4倍
3	兵庫県	7.1倍	新潟市	2.5倍
4	高知県	6.9倍	北海道・札幌市	2.8倍
5	京都市、福岡市	6.5倍	富山県、福岡県	3.0倍

	小学校			
	競争率が高い県市		競争率が低い県市	
1	兵庫県	6.1倍	新潟県	1.2倍
2	高知県	5.8倍	福岡県	1.3倍
3	相模原市		佐賀県	1.6倍
4	群馬県	5.5倍	北海道・札幌市	1.7倍
5	三重県	5.0倍	北九州市	

	中学校			
	競争率が高い県市		競争率が低い県市	
1	福岡市	13.0倍	新潟県	2.4倍
2	三重県	11.1倍	山形県	3.1倍
3	京都市	10.2倍	茨城県	
4	豊能地区	9.6倍	北九州市	3.2倍
5	高知県	9.5倍	群馬県	3.3倍

	高等学校			
	競争率が高い県市		競争率が低い県市	
1	秋田県	17.6倍	北海道・札幌市	4.7倍
2	福岡市	16.0倍	茨城県	
3	熊本県	15.9倍	長野県	5.3倍
4	群馬県	14.4倍	堺市	5.5倍
5	新潟県		山形県、岐阜県	5.8倍

注）「計（※）」は小学校、中学校、高等学校、特別支援学校、養護教諭、栄養教諭の合計

出典：文科省　令和元年度公立学校教員採用選考試験の実施状況について（令和元年12月23日　公表）（マルは筆者）https://www.mext.go.jp/a_menu/shotou/senkou/1416039_00001.html

17. 中学と高校の５教科で、倍率が2.0を切ってしまった

さらに恐ろしい話ですが、中学校と高校の教員は、教科別で採用されるため、教科ごとにバラつきがあります。以下は、北海道の中学校と高校の５教科の倍率です。ここまで倍率が低下すると、「教員とは、企業への就職に失敗した人の滑り止め」とバカにされても仕方がない状況です。

		2018年度	2019年度	2020年度
小学校		2.4	1.7	1.8
中学校	国語	4.8	2.5	2.5
	社会	9.8	4.3	5.1
	数学	5.7	3.2	3.2
	理科	6.2	3.3	2.6
	英語	5.9	3.2	2.9
高校	国語	3.1	1.8	4.2
	地歴公民	6.8	6.7	6.0
	数学	4.1	2.5	7.7
	理科	4.7	3.6	4.5
	英語	3.5	2.4	2.3

出典：令和３年度（2021年度）北海道・札幌市公立学校 教員採用候補者選考検査実施要項のデータから筆者が作成（倍率2.0未満を黒色・3.0未満を灰色で表示）

18. 教員養成大学の倍率も、大幅に低下している

成績が優秀な生徒ほど、教員の多忙さを簡単に見抜き、教員になるのを避ける傾向があります。また、教員側も生徒の身を案じて、積極的に教員養成大学を勧めません。採用試験の倍率低下と前後するように、教員を目指す高校生も確実に減少傾向にあります。生徒に勉強を教えるためには、教員自身の学力の高さが大前提でしたが、もはやこの最低ラインも補償できません。

19. 倍率低下で問題教員が増加し、定年まで居続ける

不適格教員や指導力不足教員を、教育界では「問題教員」と呼びます。質の高い人材が欲しいのであれば、それに見合った雇用条件が必要です。逆に、劣悪な雇用条件であれば質の低い人材しか集まりません。問題教員は規範意識が低く、勤務時間中に「食事をする」「スマホで遊ぶ」「コンビニに出かける」「マンガを読む」「職員室で騒いで仕事の邪魔をする」などの奇行が目立ちます。管理職が指導を繰り返しても、勤務態度は改善されませんし、地方公務員として身分が保証されているため、定年まで居続けます。採用試験と教員養成大学の倍率低下で、問題教員が増殖中です。

20. 問題教員を排除することは不可能

「指導力不足教員の認定」という制度があります。校長が申請し、教育委員会・医師・弁護士による判定委員会が認定すると、問題教員に研修を受けさせて、職場復帰・配置転勤・免職などを決定できます。ただし、問題教員から訴訟を起こされる危険があるので、校長はなかなか踏み切ることができません。問題教員が刑事事件を起こしたりすると、教員免許は失効しますが、永久剥奪する制度は存在しないので、3年後には1,100円程度で再申請することができます。さらに、日本全国で問題教員の懲戒履歴を共有する制度がないため、前職の履歴を隠して、他の自治体の採用試験を受けることができます。倍率の低い自治体では、他の地域の問題教員が簡単に入り込んでしまいます。

21. まともな教員ほど、教育界に見切りをつけて去っていく

問題教員は学校のお荷物ですが、実際に見切りをつけて教育界を去っていくのは、教育熱心で真面目な教員のほうです。経営不振の企業で早期退職者を募集すると、エース級の人材が真っ先に手を挙げて辞意を表明し、辞めてほしい人材ほど最後まで企業にしがみつきます。これと全く同じことが、現在の教育界で起こっています。

22. 教頭試験の倍率も低下し、誰も教頭をやりたがらない

実質的に学校を管理している教頭は、誰よりも早く学校に来て、誰よりも遅く帰宅します。北海道実態調査では、勤務日の学内勤務時間は、校長は9時間33分、副校長と教頭は11時間35分、主幹教諭と教諭は10時間02分です。約10%の管理職手当では割に合わないと敬遠され、教頭試験の倍率も低下しています。また、ヒラ教員への降格希望も増加しています。

23. 非正規教員が4万人を超えている

このような異常事態により、教育界からの人材流出が止まりません。その穴を埋めるべく、教育現場にも非正規教員が増加しています。以下は、

文科省によるデータです。

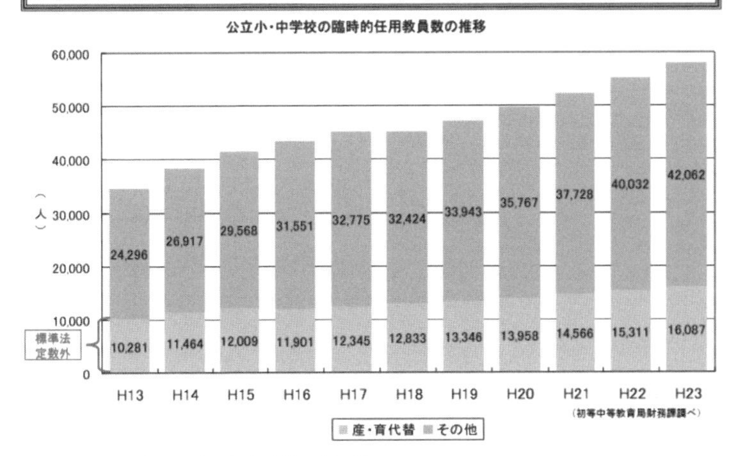

出典：文部科学省　教職員定数改善の必要性

ここまで非正規教員が増加したのは、地方自治体の裁量で、教職員の数を決定できるように規制緩和されたことも一因です。つまり、少人数学級などの名目で、正規教員１人分の人件費で非正規教員を２人雇うことが簡単にできるようになりました。

24. 非正規教員は、さらに劣悪なブラック環境で働いている

非正規教員は、主に、①非常勤講師、②再雇用教員、③常勤講師 という３つの雇用形態があります。①非常勤講師（時間講師）は、授業をした分だけ給料を受け取るため、待機時間には給料が発生しません。ブラックな学校は、「今後の経験になるから」という恩着せがましい名目で、部顧問を押し付けることもあります。②常勤講師は、正規の教員と同じく業務をこなします。採用試験に挑戦中の若手が多いのですが、学校側は「採用試験を控えているのだから、業務を減らしてあげよう」という配慮を全く行いません。これは、「獅子は我が子を千尋の谷に落とす」という厳しい

愛のムチではなく、単純に「こっちも忙しいんだから、自分のことは自分で何とかしなさい」という放置状態です。そのため、教育熱心であるほど、採用試験の勉強ができずに、正規採用から遠のくという傾向があります。
③再雇用教員は、定年後の継続雇用で、近年は急増しています。ほぼ半分の賃金で、経験豊富なベテランに全く同じ業務（担任や部長）を丸投げできるので、自治体にとっては美味しい話です。ただし、ベテランに対する酷い仕打ちを見ている若手は、静かに教育現場を去っていきます。

なお、企業には、「同一労働・同一賃金」という原則があり、同じ業務なのに賃金を引下げるのは違法行為ですが、公立学校は完全な「治外法権」です。これらの非正規教員は、次年度の雇用保証はありませんし、昇給が頭打ちなので家族の扶養も難しくなります。さらに、正規教員が嫌がる仕事を無理やり押し付けられるため、雇用が不安定なのに正規教員よりもブラックとなります。「非正規教員のサービス残業」という公式データはありませんが、公表された瞬間に、非正規教員の希望者は激減するでしょう。

25. 鳥居裁判により「勝手に働きすぎ」という言い訳が認められなくなった

公立中学校教諭の鳥居先生は、2002年９月に脳内出血により校内で倒れ、脳に障害が残りました。直前１カ月の時間外労働は128時間であり、鳥居先生は「脳内出血は過労が原因だった」と主張しました。ただし、地公災（地方公務員災害補償基金）は、「校長の職務命令は認められず、自主的な勤務だった」として公務災害と認めませんでした。鳥居先生側は提訴し、名古屋地裁・名古屋高裁とも、公務災害であると認定しました。その判決で、「校長の指揮命令は黙示的なもので足りる。個別的指揮命令がなくても、社会通念上必要と認められるものである限り、包括的な職務命令と認められる」とも認定しました。地公災は上告しましたが、2015年２月、最高裁が地公災側の上告を棄却し、教職現場の「包括的命令」は判例として確立しました。もはや、勝手に働きすぎたという言い逃れは認められず、定額働かせ放題という幻想が崩れ去りました。

26. 文科省も自治体もようやく動き出した

ここまでが、教育界の現状報告と緊急 SOS です。教員の過酷な労働環境ついてご理解いただけたと思います。この異常事態に対して、文科省と自治体もさまざまな解決策を打ち出しました。これについては、第２章でご説明いたします。

第2章 文部科学省と自治体による対策

教育界は大きな矛盾を抱えていましたが、教育関係者全員が、その場しのぎと先送りを続けてきました。ただし、採用試験の倍率低下が止まらない現状に対して、さすがにマズいと思ったのか、文科省も自治体も様々な対策を打ち出してきました。

1．文科省による対策①　学校の業務を部分的に仕分け

2018年（平成30年）２月９月、文科省が業務の一部について、３つに分類して事業仕分けを行いました。この事業仕分けは、現場の教員に対して、「それって教員の仕事じゃなかったんですか？」という大きな衝撃を与えました。また、この事業仕分けは、「それは私たちの仕事ではありません」と、対外的に業務を断るための重要な根拠となります。

【基本的には学校以外が担うべき業務】

①登下校に関する対応

②放課後から夜間などにおける見回り、児童生徒が誤導された時の対応

③学校徴収金の徴収・管理

【学校の業務だが、必ずしも教師が担う必要のない業務】

⑤調査・統計等への回答等

⑥児童生徒の休み時間における対応

⑦校内清掃

⑧部活動

【教師の業務だが、負担軽減が可能な業務】

⑨給食時の対応

⑩授業準備

⑪学習評価や成績処理

⑫学校行事等の準備・運営

出典：29文科初第1437号　学校における働き方改革に関する緊急対策の策定並びに学校における業務改善及び勤務時間管理等に係る取組の徹底について（通知）

２．文科省による対策②　サービス残業を年360時間までとする指針を公表

2019年１月25日に、文科省から「公立学校の教師の勤務時間の上限に関するガイドライン」が公表されました。このガイドラインは、同年12月４日に法的根拠となる「指針」へと格上げされました。これにより、サービス残業は月45時間以内となり、その合計は年間で360時間以内に制限されました。以下の表は、北海道実態調査のデータ（★印の数値）をもとに、１年間で減らすべき業務量をざっくりと計算したものです。ただし、計算しやすいように、勤務日（平日＋長期休業日）を240日、勤務不要日（祝日＋振替休日）を120日と仮定しています。

教員1人当たり	小学校	中学校	高校	
★勤務日のサービス残業	2時間28分	2時間48分	2時間17分	①
★勤務不要日のサービス残業	25分	2時間53分	2時間12分	②
1年間のサービス残業（①×240＋②×120）	642時間	1,018時間	812時間	③
1年間のサービス残業の上限	360時間	360時間	360時間	④
1年間で削減する業務（③－④）	282時間	658時間	452時間	⑤

1年間で削減する業務	小学校	中学校	高校	
教員1人当たり	282時間	658時間	452時間	⑤
教員30人の学校全体で（⑤×30）	8,460時間	19,740時間	13,560時間	⑥

⑤の数値が示すとおり、教員全員がこれらの業務量を削減しなければ、年360時間以内という指針は達成できません。また、教員が30人ならば、学校全体で⑥の業務を減らす必要があります。予想されるトラブルとして、「定時間際に生徒から勉強の質問があったのに、45時間を使い切ったので、帰らなければならない」などが挙げられます。もはやスマホのギガ制限と同じです。なお、文科省の指針にある「在校等時間」とは、「学校にいる時間のうち休憩時間を除いたもの」という意味です。素直に「残業時間」とすれば良いのですが、給特法では「時間外労働は存在しない」という解

釈が成り立つため、「残業」という言葉を使うことができなかったようです。本書では、「残業」という表現で統一していますのでご了承ください。また、企業の方々には信じられないかもしれませんが、実際の教育現場でも、教員同士で「残業」という言葉を全く使いません。

3．文科省による対策③　時間外勤務手当を示唆する動画を作成

文科省が以下の出典に記した動画を作成し、校長に対して「黙示の超過勤務命令」に注意するよう呼び掛けています。具体的には、「明確に○○しなさいという命令が、言葉や文書で発せられていない場合でも、実質的に使用者の管理下に置かれている状況にあれば、それは黙示の超過勤務命令があったとされることに注意が必要です」と解説しています。また、「そのような時間外勤務等が常態化しているなど、給特法、給特条例が時間外勤務等を命じ得る場合を限定した趣旨を没却するような事情、こうした事情が認められる場合には、時間外勤務手当を支払うことが適当ですよ、こういう趣旨の判決・判例があります」とも説明しています。かなり踏み込んだ内容で、使用者である校長に対しての責任を、より明確に示しています。

出典：文部科学省　公立学校の校長先生のための やさしい！勤務時間管理講座
第２回　時間14：42〜　2019年３月28日作成

4．文科省による対策④　教員数増加を検討

組織全体の業務量が多すぎるのであれば、労働者を増やすのも解決策の１つです。以下の表の⑫は、北海道実態調査をもとに、現状において１人で何人分働いているか計算したものです。

教員1人当たり	小学校	中学校	高校	
1年間のサービス残業（①×240＋②×120）	642時間	1,018時間	812時間	③
本来の労働時間（7時間45分×240）	1,860時間	1,860時間	1,860時間	⑩
実際の労働時間（③＋⑩）	2,502時間	2,878時間	2,672時間	⑪
1人で何人分 働いているのか（⑪÷③）	1.35	1.55	1.44	⑫

また、文科省の指針を遵守して「サービス残業を年360時間以内」に制

限すると、以下の表の⑭に示す通り、１人当たり1.19人の労働をすることになります。

教員1人当たり	小学校	中学校	高校	
1年間のサービス残業の上限	360時間	360時間	360時間	④
本来の労働時間（7時間45分×240）	1,860時間	1,860時間	1,860時間	⑩
指針遵守の労働時間（④＋⑩）	2,220時間	2,220時間	2,220時間	⑬
指針遵守で1人で何人分か（⑬÷⑩）	1.19	1.19	1.19	⑭

少し乱暴ですが、日本全国の公立学校の教員92万人について、北海道と同じ働き方だと仮定します。このとき、年間360時間を遵守したとしても、92万人が109.8万人の業務をこなしているので、「日本全体で、公立学校の教員が17.8万人も不足している」という計算になります。

5．文科省による対策⑤　変形労働時間制の導入

変形労働時間制とは、１年間全体の合計労働時間を同じにすれば、労働時間を月単位・年単位で調整することができる制度です。引っ越し業者さんのように、繁忙期や閑散期がはっきり区別できる業種で導入されています。ただし、「夏休みや冬休みは、生徒と同じく休めるんでしょ」というのは、現場を知らない人間の勘違いです。夏休みや冬休みも、溜まったデスクワークや、進学講習など、さまざまな業務が山積みで、閑散期などではありません。教員のサービス残業が常態化している現状では、変形労働時間制を導入しても、何も解決しません。

6．文科省による対策⑥　部活の外部指導員の導入

部活動の指導は、教員にとって最も負担の大きいものの１つです。これを軽減するため、2017年に部活動指導員という制度が導入されました。この部活指導員は、中学校・高校の部活動で、学校長の監督下で顧問の代わりに単独で指導や引率ができます。ただし、地方都市は部活動指導員を引き受ける人材も限られていますし、予算にも限りがあります。残念ながら、外部指導員の恩恵を受けるのはごく一部の学校であるため、部顧問の負担が激減することはありません。

7．文科省による対策⑦　残業代の支払いを検討？

もし給特法が廃止された場合、残業代の支払い額はどの程度になるのでしょうか。ほんの一瞬だけ、公の場で毎年9,000億円という概算が示されたことがあります。

> 教職調整額は４％でございますので，約500億円弱という形になってございます。これは，昨年実施いたしました教員の勤務実態調査では，ある月の一部分しか測ってございませんので，これを10年前の調査も参考にしながら通年ベースに直していくと，必ずしも正確な数字ではありませんが，仮に小学校であれば，４％から30％近くに引き上げる，中学校であれば，40％程度という，計算でいきますと，国庫負担ベースで，恐らく3,000億円を超えるような金額が必要になってくるのではないか。これは国庫負担分の３分の１でということであり全体はその３倍でございます。
>
> 出典：学校における働き方改革特別部会（第８回）　議事録　平成29年11月28日
> （二重線は筆者）

ただし、財務省は少子化を理由に教員数を減らしたいのですから、こんな無謀な予算案が通るはずもありません。それでも残業代を導入するのであれば、「きちんと残業代を支払う代わりに、基本給を大幅に下げて、全体の人件費の総額を同じにする」という折衷案でしょうか。ただし、この案では、「効率よくテキパキと仕事をこなせる教員のほうが低い賃金」になり、「理由をつけてダラダラ残業をしている教員のほうが高い賃金」という大きな矛盾が生まれます。こうなってしまうと、仕事のできる教員から順番に、教育界を去ることになります。

8．文科省による対策⑧　通信制大学で教員免許が取れるよう緩和

教員免許を取ること自体は、それほど難しくありません。教員養成課程のある大学で、「単位をそろえて・教育実習に行く」という２つの手順だけです。教育学部である必要はないため、他学部の学生でも教員免許を取ることができます。最近では、この２つを通信制大学で行うこともできます（教育実習は学校で実施）。企業で働きながら教員免許が取れるという

ことは、社会人にとっては魅力かもしれません。ただし、世界No.1のブラック環境を改善しないままで、いったい何人の社会人が教育界に来てくれるでしょうか。

9．文科省による対策⑨　教員資格認定試験を緩和（小学校限定）

通常の教員養成コースを選ばなくても、教員資格認定試験に合格すれば、幼稚園・小学校・特別支援学校の教員免許を取得できます（教育実習も不要)。令和２年度の見直しにより、小学校は、第３次試験（合計６日間）まであったものが、第２次試験（３日間）へと短縮されました。また、図画工作・音楽・体育から２つ選ぶ実技試験は、すべて廃止となりました。これにより、一次試験は筆記試験（マークシートと記述）で、二次試験は指導案作成・模擬授業・グループ討議・課題論文だけに緩和されました。さらに、受験資格について、「高等学校を卒業した者，その他大学（短期大学及び文部科学大臣の指定する教員養成機関を含む。）に入学する資格を有する者で，平成 12 年 4 月 1 日までに生まれたもの」という表現があるため、高校を卒業しなくても、高等学校卒業程度認定試験（旧大検）に合格すれば受験資格が得られるようです。

10．文科省による対策⑩　教育免許更新制の導入

2009年４月から、教員免許更新制が導入されました。10年に１回の更新が必要で、自腹で３万円を支払い30時間の講習を受けます。動画視聴とレポートでOKという簡単な講習もありますが、ネットでの申し込みは早い者勝ちなので、簡単そうな講習には希望者が殺到し、ほんの数分で締め切られます。申し込み競争に負けた教員は、有休休暇で都市部の教育大学などに出向きますが、交通アクセスが悪い地域では、前日から宿泊する必要があります。講習内容は大学の授業と全く同じレベルなので、幼稚園教諭が理系大学生並みの講習を受けて、頭の上に大きな「？」マークを浮かべることもあります。もちろん大学側も心得たもので、「テスト用紙に名前を書けば合格」という緩いルールが適用されます。教育に関する最新の知

識技能ならば、各自治体が用意している各種の研修を受ければ十分なのですから、「多忙な現職教員を、さらに多忙にした制度」でしかありませんでした。さらに、この制度の致命的な欠点は、元教員への復帰を妨げてしまうことです。例えば、「子育てに専念したいので教職を去った」という元教員であれば、子育てがひと段落したときには、すでに教員免許は失効しています。30時間の講習を受ければ再取得できますが、現場復帰へのハードルが上がったことは間違いありません。そもそも、もう少し簡単な方法はないのでしょうか。例えば、「1つの大学から、全国へ動画を配信して、各公立学校で視聴する。レポートは課さない」という方法であれば、講習費は3万円もかかりません。真意のほどは定かではありませんが、この制度は講習を行う大学側にとって「ドル箱」だそうです。日本全体の現職教諭を約117万人と仮定すると、毎年11.7万人×3万円＝35.1億円もの多額のお金が、教員個人のお財布から大学側に流れる計算になります。全額が大学に流れるわけではないでしょうが、少子化で経営の苦しい全国の大学にとっては美味しい話に違いありません。文科省が知恵を絞って教員免許の取得条件を緩和しているのですから、教員免許更新制度が軽減または廃止されるのも時間の問題かもしれません。

11. 自治体による対策①　経営コンサルタントの導入

文科省だけでなく、自治体も様々な対策を行っています。2009年度（平成21年度）に、兵庫県教育委員会が、経営コンサルタントをモデル校に導入しました。その経緯は「学校業務改善実践例集」としてHPに掲載されていますが、コンサルからの最初の指摘は、「貴重な時間を使っての会議の場で、メモも取らずに話を聞いているのは良くない」という内容で、社会人1年目に教えるような初歩的なものでした。これは、兵庫県が依頼したコンサルがハズレだったわけではなく、コンサルでも手が付けられなかったと解釈するべきでしょう。そもそもコンサルは、「フリーの軍師」という立場です。クライアントの組織に常駐するわけではなく、組織の構成員からヒアリングをして問題点を洗い出し、業務改善プランを提案するまでが仕事です。そのプランを実行して業務改善に取り組むかどうかは、全てクライアントの責任です。北海道教育委員会も、約1,000万円の予算で経営コンサルを導入しようとしていますが、コンサル会社も慈善事業をしているわけではありません。1,000万円で期待できる業務削減効果は、同じく1,000万円程度でしょう。

12. 自治体による対策②　民間人校長の導入

校長には教員免許が必要ではなく、民間企業等での管理職経験者が「民間人校長」になることがあります。一方、現場の教員はプロ意識が高い職業集団であるため、教員出身の校長に対しても「教員として最も優秀だったから校長になれた」という認識はありません。この辺りは、プロスポーツ選手とチーム監督の関係に似ています。現役時代にある程度の実績を残した監督でなければ、現役の選手は見向きもしないでしょう。つまり、民間人校長とは、「スポーツ経験がない企業経営者に、スポーツチームの監督として陣頭指揮をとらせる」のと同じと言えます。多くの場合は、実績を残せないまま監督を辞めるか、下手にリーダーシップを発揮して現場を混乱させるか、という二者択一となります。

13. 自治体による対策③　教員の給与に成果主義を導入

教員の給与にも、すでに成果主義が導入されています。具体的には、A評価を受けた1割と、B評価を受けた3割の教員は、給料が微増します。C評価を受けた6割の教員は、勤務年数に応じて上昇するだけです。例えは悪いですが、「全力疾走しているウマの鼻先にニンジンをぶら下げれば、これまで以上に、もっと走るようになるだろう」という短絡的な発想です。すでに全力疾走している教員にとっては、「給料の微増よりも、ゆっくり休ませてください」というのが本音です。また、学校の仕事はチームで行うものが多いため、現職の教員であれば、個人への成果主義は無意味であることを承知しています。「制度があるから、やるだけやろうか」という感覚しかないため、管理職との期首面談は、単なる雑談で終わります。一生懸命に働いている教員の給料を微増させて、ヤル気をアップさせようという趣旨のようですが、「出世と給料アップには無関心」という教員の気質を、完全に読み間違えているようです。そもそも、「給料がアップすると、ヤル気もアップする」という人間であれば、給料がほぼ一定である公務員を目指さないのではないでしょうか。

14. 自治体による対策④　採用試験を簡略化して、志望者を呼び込む

自治体によってバラつきがありますが、採用試験は、だいたい以下のような内容です。

第一次検査
　教職教養・一般教養・筆記試験（専門科目）・適性検査（性格診断）・
第二次検査
　筆記試験（専門科目）・個人面接・集団討論・小論文・模擬授業・適性検査（性格診断）

ただし、「集団討論・小論文・模擬授業」などを廃止する自治体も出てきました。つまり、「試験内容を簡単にすれば、全国から志望者が集まるはずだ」という発想です。今後は、各自治体が採用試験の簡略化を競い始め、「ウチの採用試験は、どの自治体よりも簡単です！ 誰でも採用します！」という大安売りのバーゲンセールが予想されます。また、これまでは40歳という年齢制限がありましたが、一部の自治体では実質的に撤廃（59歳まで可能）となっています。

15. 自治体による対策⑤　採用試験で、講師を正式採用する条件を緩和

現場の講師（常勤・非常勤）に対しても、すでに囲い込みが始まっています。具体的には、同じ自治体で講師としての勤務経験があれば、一次試

験の一部または全部が免除されます。

自治体	講師の勤務年数	条件緩和の内容
A	1年以上	一次の教職教養と一般教養を免除
B	1年以上	一次の教職教養を免除して、小論文の配点を高くする
C	2年以上	学習指導案作成検査・適性検査・個別面接×2だけで合格
D	3年以上	一次の教職教養と一般教養を免除
E	3年以上	一次を全て免除

特に影響が大きいのが、教職教養（教育原理・教育心理・教育法規・教育史など）の免除です。教職教養は、一次試験の最難関で、多くの講師が無残に散っていきました。なお、講師になるのは簡単で、「自治体に履歴書を郵送して講師登録し、呼ばれるのを気長に待つ」だけです。つまり、「講師登録する→講師として勤務する→教職教養が免除される→倍率低下で正式採用される」という図式が成り立ちます。教職教養の廃止は、現役講師の救済措置としては有効ですが、能力の低い志望者でも簡単に教員になれるという危険な側面を持ち合わせています。

16. 自治体による対策⑥　採用試験で、他の自治体の現役教員を呼び込む

現役教員が他の自治体で勤務したい場合には、採用試験を受け直す必要がありました。最難関の教職教養が待ち構えているため、よほどの根性がない限り、現役の教員を続けたまま採用試験に合格するのは至難の業でした。最近では、「他の自治体で正式採用されたのだから、実力は折り紙付きですよね？」という現役教員へ優遇措置が増加傾向にあります。

自治体	他の自治体での勤務年数	優遇措置
F	2年以上	一次の教職教養と一般教養を免除
G	3年以上	一次を全て免除
H	3年以上	レポートと個人面接で合格

17. 自治体による対策⑦　採用試験で、元教員を呼び込む

元教員を再び教育界に戻すために、以下のような優遇策が実施されています。

自治体	教員としての勤務年数	優遇措置
I	過去に3年以上	小論文と個人面接のみで合格
J	過去に5年以上	レポート提出と個人面接で合格

ただし、福利厚生が整備されている公立学校では、出産や子育てで離職する教員は少数派ですし、教員免許更新制で免許を失効している可能性もあります。また、ブラックが原因で離職した教員は、ブラックが改善されていない教育界に戻るはずがありません。最悪の場合には、他の自治体でトラブルを起こした問題教員まで呼び込む危険性もあります。

18. 自治体による対策⑧　高校生の青田買い

教員を目指す高校生も確実に減っています。これを避けるために、各自治体は、教員の魅力を高校生にアピールして、教員養成大学の志願者を増やそうとしています。いわゆる「青田買い」です。つまり、進路が未定の高校生に対して、「教員の魅力をアピールする→教員養成大学の倍率が上がる→教員採用試験の倍率も上がる→より優秀な人材が教員になる」という発想です。ただし、優秀な高校生であれば、教員の多忙さを簡単に見抜くので、このような手口には引っ掛かりません。そもそも、多くの教員が教育界を去って行ったのは、あまりにも労働環境がブラックだったからであり、決して教員という職業に魅力がなかったわけではありません。教員のブラック環境を改善しないのに、職業としての魅力をアピールしても、何も問題は解決しません。

19. 自治体による対策⑩　タイムカードの導入

このような会話があった場合、どの時代の、どの過疎地のことだと想像するでしょうか。

社員A：いよいよわが組織にも、来月からタイムカードが導入されること

　　　　になった。
社員Ｂ：タイムカード？　何ですかそれは？
社員Ａ：出勤と退勤の時間を、自動的に記録してくれる文明の利器だ。
社員Ｂ：本当ですか？
社員Ａ：これまでは、紙の出勤簿にハンコを押すだけで、正確な労働時間を把握していなかったが、いよいよ便利な時代が来るぞ！

これは2020年（令和２年）の、全ての北海道公立学校（約260校）のお話です。北海道の公立学校では、教員全員にノートPCが支給され、インターネットも完備していますが、タイムカードだけは導入されていませんでした。理由は簡単で、教員が「定額働かせ放題」だと勘違いされてきたためです。そもそも最初から残業代を支払うつもりがないのですから、タイムカードで出退勤時間を管理する必要がありません。なお、このタイミングでタイムカードが導入されたのは、前述の変形労働時間制が関係しています。この制度導入の前提として、何月が繁忙期で何月が閑散期なのかを、具体的な数字で示す必要があるからです。ただし、タイムカードを導入することで、新たに５つの変化が予想されます。

20. タイムカードによる新たな変化①　公務災害の裁判が増加する

１つ目の問題は、「長時間労働による公務災害の認定」が増加することです。これまでは、明らかに過労が原因であっても、「長時間労働を示す客観的なデータが存在しませんよね？」という理由で、公務災害として認定されず裁判で負け続けてきました。裁判に勝つためには、パソコンのログアウトの時間や、高速道路の通過時間など、わずかな証拠をかき集める必要がありました。今後は、タイムカードが長時間労働を示す有力な証拠となります。タイムカードを改ざんすることは技術的に難しくないでしょうが、公文書偽造の罪に問われる可能性があります。今後は、「長時間労働を示す客観的なデータ」として、公務災害の裁判で活用されるはずです。

21. タイムカードによる新たな変化② 残業代請求の裁判が増加する

2つ目の問題は、「教員による残業代請求」という案件が増加することです。これまでも、現職の公立学校の教員が、残業代を求めて裁判を起こし、負け続けてきたという経緯があります。労働基準法では、未払い賃金や残業代請求の消滅時効は2年です。この2年間の残業代と裁判費用を比較した場合、いったいどちらが得でしょうか。これらの現職教員は、2年間の残業代がほしいという金銭的な理由でなく、「若手の教員に過酷な労働環境を引き継がせたくない」という強い信念で、わざわざ勝ち目の少ない裁判を起こしてきました。多くの場合は、「長時間労働を示す客観的なデータが存在しませんよね？」とか「自発的に長時間労働をしたんですよね？」という理由で負け続けてきましたが、タイムカードの導入により、このような有志の裁判が増加することが予想されます。また、文科省の動画でも、「時間外勤務手当を支払うことが適当という判決がある」と示唆していますので、そろそろ今までの常識が大きくひっくり返るかもしれません。

22. タイムカードによる新たな変化③ 時短ハラスメントにより、持ち帰り残業が増える

3目つの問題は、時短ハラスメントです。時短ハラスメントとは、業務量を減らさずに労働時間だけを減らそうと圧力をかける嫌がらせ行為です。基本的には、「業務量＝労働時間」なのですから、かなり無理のある考え方です。ただし、校長や教頭は、時間内で終わるはずのない業務を与えているという自覚があるため、ヒラの教員に対して「お願いですから、早く帰ってください…」と懇願するしかありません。気の毒に思ったヒラ教員は、「だったら業務量を減らしてください」と主張することもできず、仕方がなく自宅に仕事を持ち帰ることになります。

23. タイムカードの導入による新たな変化④　多忙さを再認識した教員が去っていく

４つ目の問題は、現職教員が教育界を去ってしまうことです。現場の教員にとっては、主観的な「多忙感」なのか、それとも客観的な「多忙」なのか、自分自身でもわからない状況でした。それが具体的な数字で視覚化されてしまうと、自分自身の境遇の恐ろしさに気が付いてしまいます。卑近な例ですが、「何となく熱っぽいかな」と普通に日常生活を送っていた人が、体温計で37.6という数字を示された途端にバッタリと倒れてしまうのと同じ現象です。また、本人は長時間労働に無頓着でも、家族から「お父さん、残業が160時間って、そのうち本当に死んじゃうよ！」と懇願され、辞職を決断することもあるはずです。

24. タイムカードの導入による新たな変化その⑤　採用試験の倍率が二極化する

５つ目の問題は、採用試験の倍率が二極化することです。教員採用試験の日程は、約５つのブロック（北海道・東北・関東・関西・九州など）で、１週間ごとにズレています。そのため、異なるブロックを選べば最大で５回の一次試験に挑戦することができます。教員志望者の専門雑誌で、以下のようなランキングが示されるかも知れません。

なお、次頁の表の過労死ラインを超えの割合は、北海道実態調査による公式データです（D：小学校　E：高校　F：中学校）。このように、「ウチはホワイトです」というブランド化に成功した自治体には、教員志望者だけでなく、他の自治体の現職教員も殺到することが予想されます。さらに、日本全国の子育て世代に対して、「ウチの自治体には優秀な教員が集まります。お子様を育てるならば、ぜひ移住をお勧めします！」という強烈な移住アピールが可能となります。農業・工業・水産業・観光などの分野で自治体が移住アピールをするには、資源・立地・ヒト・モノ・カネが必須です。ただし、「教育のホワイト化」は、単純に、公立学校の必要性の低い業務を減らせば良いだけです。

関東ブロック　ホワイト＆ブラック ランキング結果発表！

順位	自治体名	過労死ライン超えの割合	1年間の平均サービス残業	採用試験の倍率	本誌の総評
1	自治体A	0%	80時間	40倍	他の自治体から現職教員が殺到し倍率が急上昇。教員のレベルが高く、子育て世代の移住も進む。
2	自治体B	0%	100時間	20倍	現職教員の満足度が高く、採用後の定着率は高い。クチコミが広まり、採用試験の倍率が上昇中。
3	自治体C	5%	360時間	5.7倍	文科省の360時間以内という指針をギリギリ死守。採用後の定着率は平均的で、何とか踏みとどまっている。
4	自治体D	23.4%	642時間	1.4倍	働き方改革に乗り遅れ、採用試験の倍率も採用後の定着率も低下中。自治体Aに隣接していることも一因か。
5	自治体E	35.7%	812時間	1.1倍	ギリギリ定員割れを回避。多くのM教員が入り込み、今後30年間は、質の低い教育が維持されてしまう。
6	自治体F	46.9%	1,018時間	0.8倍	定員割れを起こし、1人当たりの業務量が増加。現職の流出が止まらず、さらにブラックが加速中。

25. 多くの打開策は、抽象的なスローガンが多く、現場で役立つ具体案は皆無

このように、文科省も自治体も、さまざまな打開策を打ち出しています。ただし、「チーム学校」とか「学校組織マネジメント」などの抽象的なスローガンが多く、「どこからも反論が出ない万人受けする正論を、言うだけ言ってみました」という印象を受けます。具体的にどうするのかという方法論は、いわゆる「現場に丸投げ」の状態です。これは、一方では仕方がない側面もあります。例えば、文科省や自治体が、「○○を廃止する」という具体的な削減プランを提案したと仮定します。このとき、○○が企業の主力商品であった場合には、○○業界全体から「私たちの生活の保障をしてくれるのか！」という強烈な反発が予想されます。文科省や自治体が、このような責任をとれるはずがありません。現場で役立つ具体案が出てこないのは、当然のことでしょう。

26. 短期的な目先の利益に飛びつくと、最終的には破滅が待っている

現在の教育界は、肥料を全く与えないで収穫し続ける略奪農業と同じです。短期的には目立ったトラブルはありませんが、次第に土地がやせ細り、最終的には不毛の地となってしまいます。教育に対する保護者や生徒の要求は無尽蔵なのですから、何でもホイホイと要求に応じていると、教育の

質の低下と量の低下が同時に起こり、最終的には破滅が待っています。なお、文科省と自治体がさまざまな対策を打ち出していても、採用試験の倍率低下が続いているのですから、状況は予想以上に深刻かもしれません。

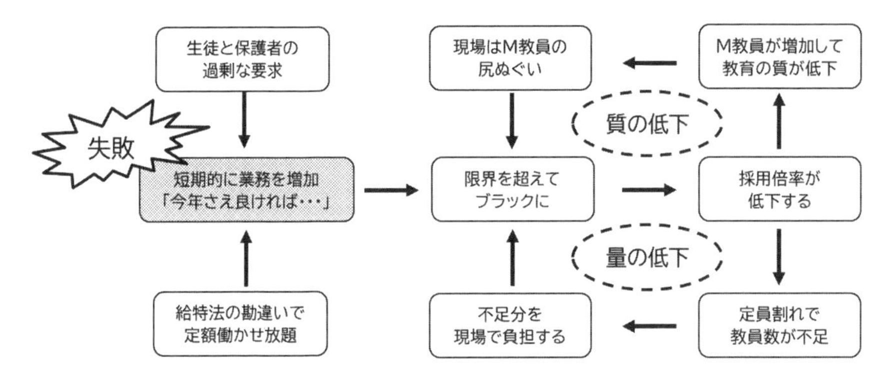

27. 学校をホワイトに戻すには、必要性の低い業務を断捨離するしかない

企業であれば、業務量が労働力を超える特殊な状態でも、解決策はいくらでも用意できます。ただし、公立学校では、その選択肢は限られています。

	企業であれば…	公立学校では…
①時間	残業代を支払い、労働時間を増やす	過労死ライン超えで、すでに飽和状態
②人員	新たに従業員を雇用する	義務標準法と高校標準法で増員できない
③委託	業務の一部を外部委託する	予算やボランティア人員には限界がある
④効率	同じ時間で、効果を最大化する	教育効果は数値化しにくい
⑤精選	採算の取れない業務から撤退する	必要性の低い業務を削減する

現行のシステムを大きく変えずに、学校をホワイトに戻す起死回生のチャンスがあるとすれば、⑤業務の精選だけでしょう。そこで役に立つ概念が、断捨離（ダンシャリ）です。断捨離とは、断行・捨行・離行の３つの頭文字をとった言葉です。この断捨離を公立学校に当てはめてみると、以下のようになります。

	具体的な内容	公立学校に当てはめると…
断行	入ってくる不必要な物を断つ	生徒や保護者の過剰な要求は断る
捨行	不必要な物を捨てる	必要性の低い業務を削減する
離行	物への執着から離れる	生徒に必要な業務という思い込みをやめる

ただし、学校の業務は線引きをするのが難しいため、文科省や自治体に任せていては、本当に必要な業務さえも間違って捨ててしまう危険性があります。それでは一体、業務の優先順位をつけて、学校の断捨離を実行できるのは誰なのでしょうか。

28. 最善の方法は、現場の教員が、具体的な削減プランを提案すること

結局のところ、「餅は餅屋」です。最善の方法は、文科省や自治体が何とかしてくれるのを待つのではなく、現場を知り尽くしている教員が、知恵を絞って業務削減プランを提案することです。それも、毒にも薬にもならない「みんなで意識を変えましょう！」という抽象的なスローガンではなく、「○○を減らせば、年間○○時間の削減効果がある」という具体的な削減案が必要とされています。ただし、全国92万人の公立学校の教員は、学校における業務の断捨離が必要であることを痛感しているのに、教員の働き方改革は、遅々として進んでいません。その原因については、第3章で解説いたします。

第3章 なぜ教員の働き方改革が進まないのか

公立学校は外部から完全に遮断された特殊環境です。世間の常識や働き方改革の外圧は、学校内部には全く届きません。また、一部の教員は現状維持を望んでいるため、あえて仕事を増やそうとします。つまり、教員はブラック環境の被害者であり、同時に加害者でもあります。この章では、教員の働き方改革が進まない理由を、さまざまな角度から分析してみました。

１．教員には、善人が多い

教員には、高い規範意識が要求されます。生徒に社会のルールを教えるのですから、自分自身が社会のルールを守らなければ何も始まりません。教員は、勤務時間中はもちろんのこと、勤務時間以外であっても、品行方正な「善人」や「聖人君子」であることを要求される職業です。具体的には、自分の睡眠時間を削ったり、自腹でお金を支払ったり、家族サービスを後回しにしたりと、他の業種では考えられないような自己犠牲の精神が当然とされています。そのため１人の教員が業務削減の提案をしても、「生徒のためでしょ」とか「生徒がかわいそう」という伝家の宝刀を抜かれ、提案する側は、とんでもない極悪人とされてしまいます。

２．長時間労働により「仕事をしていますよ」というアピールをしたい

手っ取り早くアピールをしたいのであれば、長時間労働をするのが一番です。また、「丁寧に時間をかけているのだから、結果が出なくても仕方がない」という言い訳としても機能します。教員の世界では、「結果を度外視して、丁寧に時間をかけること自体が美徳」という昭和の価値観が根

付いているため、「長時間＝良いこと。短時間＝悪いこと」という根性論から抜け出せていません。現在の企業とは、真逆の価値観です。

	短時間で済ませている人への評価	長時間労働をしている人への評価
企業	工夫を重ねて効率を上げた優秀な人。	仕事の効率が悪く、無駄を放置し続ける人。
学校	手抜きをして、楽をしている人。	丁寧な仕事で、努力を惜しまない人。

3．自分のダラダラ残業により、自治体の採用倍率が下がることに気が付かない

教員がダラダラと無意味な長時間労働をしてタイムカードに打刻すると、「その自治体が、教員にブラック環境を強いている」という証拠を残すことになります。タイムカードのデータは、変形労働時間制の前提として公表されるのですから、教員志望者はブラックの自治体を敬遠するはずです。つまり、ダラダラと長時間労働することは、結果的に採用試験の倍率を下げ、その自治体にダメージを与え続ける背信行為です。

4．社会人としての基本を身につけていない

多くの教員は、大学４年生で教員採用試験を受け、卒業してすぐに現場に入ります。他の業種での勤務経験がなく、極端な例では、アルバイトの経験すらありません。このように、学校以外の組織を全く知らないまま教員になり、そのまま定年を迎えるのが一般的です。そのため、「メモを取れ」「ホウレンソウを怠るな」「勤務中はサボるな」という社会人としての初歩の初歩すら実践できない教員も珍しくありません。この程度のことは、企業へインターンシップに行く生徒への基本事項ですが、これを教員に守らせるのは至難の業です。また、象徴的な例ですが、管理職と進路指導部の教員以外は、自分の名刺すら用意してもらえません。

5．学校現場は「空気」に支配され、合理的な判断や数値データが吹き飛んでしまう

「空気」とは厄介な存在で、合理的な判断や数値データを無視して、組

織全体を間違った方向に導くこともあります。アンデルセン童話の「はだかの王様」では、服を着ていない王様に対して、大勢の大人は「王様は、はだかだ」と口に出せなかったという場面があります。大企業でも、「なぜあのとき、合理的な判断や数値データを無視して、採算の取れないプロジェクトにゴーサインを出したんだ？」という事例があるはずです。ただし、空気をつくるのは組織内の人間なのですから、空気は「○○人」という単位で数えられる有限の存在です。対処法はいくらでもあるはずです。

６．同調圧力が強くて、多くの教員がやせ我慢をしている

自分１人だけが得をしないように、というのは古き良き時代の美徳です。多くの教員は、本当は業務削減をして早く帰りたいのですが、同調圧力が強すぎて、お互いにやせ我慢しています。なお、私の場合は、定時退勤するために全力を尽くしますし、職員会議の途中でも「お先に失礼します」と、遠慮なく帰らせてもらっています。最初の半年くらいは周囲の目が多少気になりましたが、そのうち完全に慣れました。最近では、「自分が率先して定時に帰ることで、他の教員も帰りやすくなる」と考えるようになりました。

７．多くの教員は、本業を忘れてしまい、生徒の学力向上に興味がない

教員の本業は、生徒に授業を行い、学力を向上させることです。ただし、「授業以外のこと」までが要求され、多くの教員がこれに集中するという残念な傾向があります。これは、「味の悪いラーメン屋さんほど、ギョーザなどのサイドメニューに力を入れてしまい、さらに味が落ちてお客さんが来なくなる」のと同じ理屈です。原因として、ラーメン屋さんの店主が、「そもそも味の追求に興味がない」または「どんなに頑張っても美味しくならない」などが予想されます。この構図は生徒の部活動にも当てはまり、「勉強が嫌いな生徒が、部活動に入る」または「学力向上を諦めた生徒が、代わりに部活動を頑張る」のと同じです。仮に、授業以外の業務が削減さ

れてしまうと、教材研究が嫌いな教員も、浮いた時間で授業改善に取り組まなければなりません。そのため、「授業改善をしたくない教員」や「授業改善ができない教員」ほど、業務削減に反対する傾向があります。

8．上位２割の教員に業務が集中するため、他の８割は業務削減の必要性を感じない

どんな組織であっても、上位２割の構成員に全体の８割の業務が集中します。さらに、中間層の６割が業務の２割を引き受けます。下位２割は、何も仕事をしないか、逆に足を引っ張ります。このような組織論は、「パレートの法則」「２：６：２の法則」「働きアリの法則」などと呼ばれます。同じことが学校にも当てはまり、仕事が集中する上位２割は業務削減の必要性を痛感しているのですが、他の８割は「働き方改革って、本当に必要ですかね？」くらいの認識しかありません。

9．忙しい分掌とヒマな分掌の差が激しいため、業務削減の必要性を感じるのはごく少数

企業に営業部や経理部という部署があるのと同じく、学校にも分掌（ブンショウ）と呼ばれる組織があります。教務部（教育課程や時間割）・生徒指導部（生徒の問題行動の対処）・進路指導部（進学と就職）・総務部（行事や PTA）という４分掌が代表的です。企業ならば、主力部署には人員を多く配置されるため、社員１名当たりの労働時間には大差はありません。ただし、学校では４分掌にほぼ均等に人員が配置されるため、各分掌の忙しさには異常なほどの濃淡があります。一年中ひたすらヒマな分掌の教員は、業務削減の必要性を全く感じません。

10．分掌を超えて助け合うという発想がない

企業であれば、「この時期は営業部が忙しいから、他の部署から一時的に人員を補充しよう」と、流動的に人員配置を工夫します。ただし、学校では、４月１日にメンバーが確定すると、その年度は完全に固定されます。

そのため、多忙な分掌のメンバーが倒れたとしても、他のヒマな分掌から補充することはありません。また、隣の席の教員が死にそうなほど働いていても、「自分の分掌ではないから」という理由で、手伝おうという気配すら見せません。このように、同じチームの一員という認識がなく、他の分掌には関与しないという暗黙の了解が、学校の多忙化の一因です。

11. 学校は、上司が１人だけの鍋ブタ構造なので、全職員のマネジメントは不可能

校長は教員の上司で、職務上の業務命令をすることができます。ただし、教頭は管理職ではありますが、上司ではありません。また、４分掌の部長は、管理職でもないし上司でもありません。教頭や部長がヒラの教員に「業務の命令」をする権限はなく、あくまでも「業務の依頼」となります。他の業種では全く考えられない指揮系統ですが、上司が１人しかいないという意味で、「鍋ブタ構造」と称されます。業務命令をできる上司が１名しかいないのに、教員全体のマネジメントを行うのは不可能ですが、現在の公立高校は、「教員の善意」で組織が回っています。

12. 毎日がデスマーチで、全員が過労死サバイバーである

過重労働を前提としたプロジェクトを、デスマーチ（死への行軍）と呼びます。プロジェクトメンバーは、長時間の残業や休日出勤など、心身ともに極端な負担を強いられるため、急激な体調不良、離職率の増加、過労死や過労自殺のリスクが高まります。教員は毎日がデスマーチで、自分の命を守るために教育界を去る教員もいますし、実際に命を落としてしまう教員もいます。逆に言えば、現役教員のほぼ全員が、過労死のサバイバー（生き残り）と言えます。長く勤務している教員ほど、このような同僚を山ほど見てきたため、現状を疑うことはありません。そのため、「自分と同僚の命を守るために、働き方改革を実現しよう！」という機運には繋がりません。

13. 顧客満足と地域満足だけに集中し、従業員満足という概念がバッサリ欠けている

今どきの企業であれば、顧客満足・地域満足・従業員満足のバランスを重要視するのではないでしょうか。これらの3つのうち、どれが欠けても、持続可能な経営は難しくなります。ただし、公立学校には、滅私奉公という前時代的な組織文化が根強く残っています。そのため、顧客満足（生徒と保護者からの要求）と地域満足（地域からの要望）に全神経を集中してしまい、従業員満足（教員の生活維持）という概念がバッサリ欠けています。そして、教員の誰かが離職（または過労死）しても、すぐに次が補充されるため、お互いに「使い捨てのコマ」という感覚しかありません。従業員の生命維持すら危ういのであれば、「究極のブラック」と呼ぶにふさわしい組織です。

14. 手段を目的化してしまい、他の手段を検討するという発想がない

ホームセンターにドリルを買いに来たお客さんは、実際には、ドリルではなく「穴」を必要としています。このことに気が付くと、「穴を開けるためには、どのような方法があるか？」という、次の段階に進むことができ、以下のような ①ドリル　②キリ　③ノミ　などの選択肢が広がります。

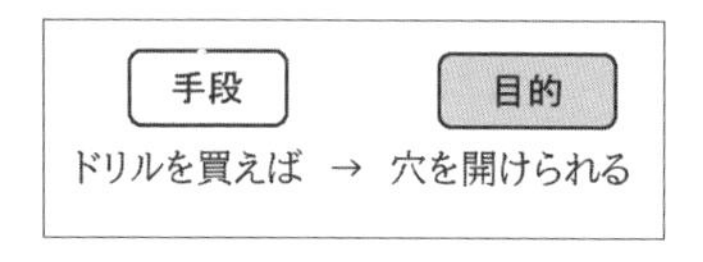

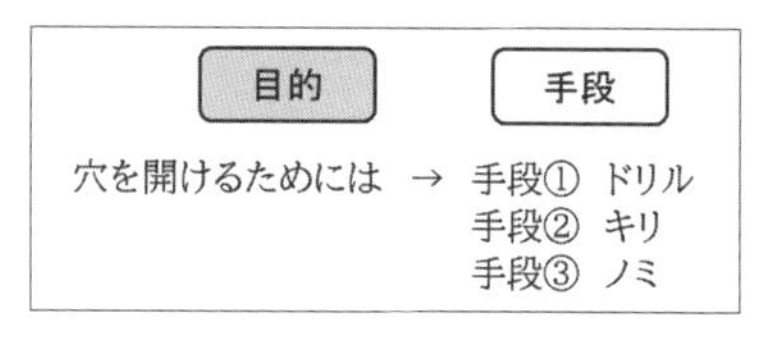

ただし、多くの教員は、「ドリルを買えば、穴が開けられる」という発想から抜け出せません。いわゆる「手段を目的化」している状態です。例えば、「宿題を増やせば→生徒の学力が上がるはずだ」という発想をします。残念ながら、「生徒の学力向上のためには、どのような方法があるだろうか？」と発散的にアイディアを出し合うことは全くありません。

15. 解決策を１つだと思い込み、階層構造で考えるのが苦手

さらに、多くの教員は、解決策を１つだと思い込み、思考の鎖を作り出します。宿題の例を当てはめると、以下のようになります。

このような思考の鎖では、本当に最優先するべき解決策かどうかは、誰にもわかりません。これを以下のような階層構造にすると、「宿題量を増やす」ことは唯一無二の方法ではなく、星の数ほどある解決策の１つでしかないことに気が付きます。ただし、多くの教員は、「多くの解決策を並べて、最善のものだけを実行する」という発想を苦手としているようです。

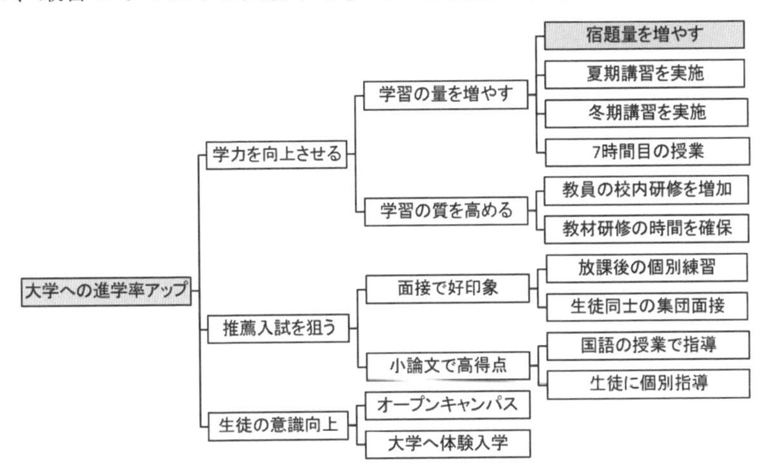

16. PDCA サイクルを回せず、PDS で終わってしまう

PDCA サイクルという概念があります。これは Plan（計画）→ Do（実行）→ Check（評価）→ Action（改善）という４つの言葉の頭文字をとったもので、このサイクルを回すことで継続的に業務改善を促します。ただし、教員にはプライドの高い人間が多いため、Check（評価）を避けて保身に走ります。むしろ、自分が担当した業務は、常に「大成功した」という Self-satisfaction（自己満足）だけで終わらせようとします。そのため、業務改善せずに同じミスを連発します（次頁の図）。

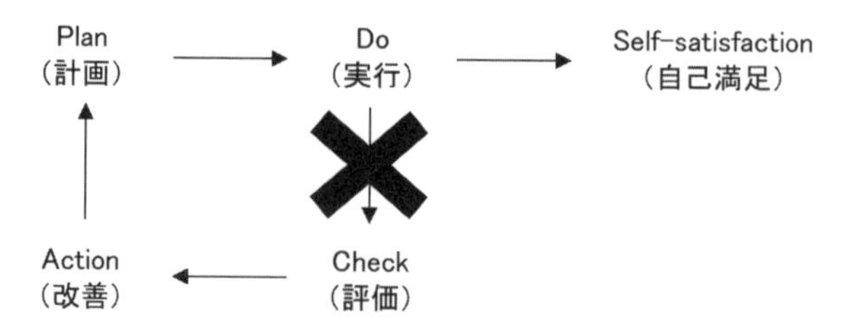

17. どんな業務にも、数値化できない教育的意義を見出してしまう

掃除の目的は、「その区域を清潔に保つこと」です。それなのに教員は、放課後の掃除当番にすら、教育的意義を見出してしまいます。具体的には、「自己の役割を自覚して協働することの意義を理解できる…」とか、「社会の一員として役割を果たすために必要となることについて主体的に考えて行動できるようになる…」という感じです。掃除の場合は、これらは単なる後付けです。さらに、その教育的意義は数値化できないため、いわゆる「言ったもん勝ち」の状態です。

18. 白黒という二択で判断し、物事に優先順位をつけられない

多くの教員は、「白か黒か」という二者択一で物事を判断します（上側の図）。逆に、「どのくらい重要なのか」という順位付けの発想を最も苦手としています（下側の図）。

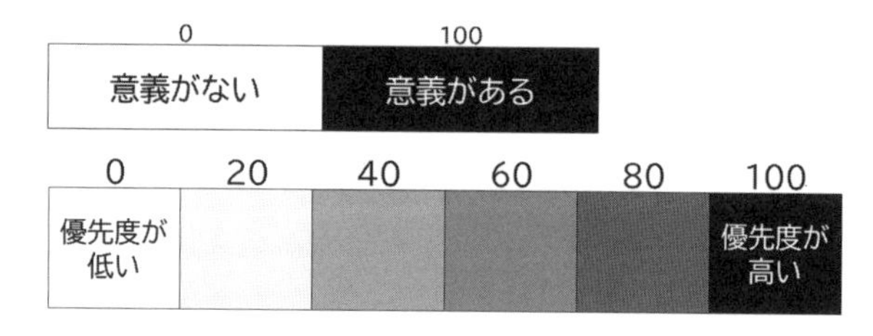

放課後の掃除当番にしても、「掃除には教育的意義があるか？→意義がある！→だったら続行！」というシンプルな発想をします。逆に、「掃除には教育的意義があることは認めるが、優先順位は低いのではないか？」と疑問を投げかける教員は、ごく少数派です。そのため、必要性の低い業務の廃止を提案しても、「この業務は生徒の教育に役立ちますよね？」と

いう、教育的意義を再確認するだけの徒労に終わることが多いようです。

19. 労働時間は有限という感覚が、まだ芽生えていない

「教育は無限だが、教員は有限である」という名言があります。教員の人数は50年以上前からほぼ一定ですし、サービス残業さえ年360時間にまで制限されてしまいました。もはや必要性の高い業務だけを残し、他は切り捨てざるを得ない状況です。ただし、多くの教員は「定額働かせ放題」だと勘違いしたまま思考が停止していて、労働時間が有限であるという感覚を奪われています。そのため、自分の休憩時間を知らない教員までいる始末です。

20.「選択と集中」という発想がなく、業務に優先順位をつけられない

企業は、ヒト・モノ・カネという制約の中で、顧客満足度を最大化するために、「選択と集中」を行います。さらに極端な例ですが、救急事故現場では、トリアージ（triage）が行われます。これは、医療スタッフや医薬品が制約される状況で、一人でも多くの傷病者に対して最善の治療を行うため、患者の治療や搬送の優先順位を決めることです。究極の「選択と集中」を短時間で行うのですから、実際にトリアージを行う担当者の葛藤は並大抵のものではないでしょう。教員には、そもそも「選択と集中」という発想がないため、優先順位をつけられず、あれもこれもと業務を抱え込んでしまいます。なお、このような学校を見分けるのは実に簡単で、「多様な生徒全員に対して、きめ細やかな指導をしています」というキャッチフレーズを掲げているはずです。もはや「特徴がないのが特徴」と揶揄される中途半端なファミレスと同じ状態です。

21. 組織全体を見渡す能力が低く、スクラップ＆ビルドという発想がない

教員が、新しい業務を提案することもありますが、提案者は、「代わりにどの業務を減らすのか？」ということまで考えが及びません。最悪の場

合には、「みんなでもっと頑張れば、何とかなるでしょ？」という精神論しか返ってきません。教員には、老朽化したものを壊してから新しく建設するという「スクラップ＆ビルド」の発想がありません。そのため、ビルド＆ビルドで極限まで肥大化してしまい、自分たちでも制御不能に陥っています。これは、組織全体を見渡す能力が低いことが原因でしょう。現在の公立学校は、サイドメニューを増やしすぎたラーメン屋と同じく、本業のラーメンの味を疎かにしています。

22. 担当者が交代しても、前年度踏襲によりガラパゴス化が維持される

ガラパゴス島は、ダーウィンが進化論のきっかけをつかんだ海洋島です。大陸から遠い位置に隔離されているため、生物が独自の進化を遂げました。公立学校も全く同じで、外部から完全に遮断された特殊環境です。新しい担当者が「これって本当に必要な業務なのか？」という違和感をもったときが業務削減のチャンスですが、お互いに波風を立てたくないため、前年度のルールをそのまま踏襲します。そして次年度には、完全にガラパゴス島の住人になってしまいます。

23. 教員の入れ替わりが激しく、４月の人事異動で合意形成を最初からやり直し

公立学校では、必ず人事異動があります。教員の４割が入れ替えになることも珍しくありません。そのため、さまざまな紆余曲折を経て、業務削減の合意ができたとしても、４月になると最初から合意形成のやり直しです。また、業務削減に積極的な教員が移動すると、「面倒くさい教員がいなくった」とばかりに、減らすはずだった必要性の低い業務をそのまま継続することもあります。最悪の場合には、せっかく減らした業務を復活させようとする教員も出てきます。

24. 学校には、「新規業務は３年間続ける」および「３年続けると伝統になる」という謎のルールがある

企業の方には、「ビジネスモデルの見直しを３年後に行いましょう」という感覚は、全く理解できないはずです。変化の激しい時代ですから、商品やサービスが安泰である保証はなく、もっと短い間隔で少しずつ変化させなければ、すぐに行き詰まってしまいます。しかし、学校の新規事業は、「結果が出るまで３年は継続しましょう」という謎のルールがあります。この３年という数字に具体的な根拠はありません。さらに厄介なことに、「３年続けると、その学校の伝統になる」という謎の追加ルールも存在します。結果として、「どんなに無駄な業務でも、新しく実施された時点で、その学校の伝統になることが確定」します。このような事情があるため、伝統行事と認識されているものでも、実にくだらない発想からスタートしていたり、意外に歴史が浅かったりします。伝統を重んじるのは美徳ですが、健全な懐疑心がなければ、無駄な伝統が無限に生み出されてしまいます。

25. ウイルス教員が、異動するたびに業務を増やしてしまう

自己肯定感の強い、意識高い系の教員は、「前の学校で好評だった業務を、この学校でも新しく追加しましょう！」と、業務を増やします。自分で提案した業務を自分で担当するならまだマシですが、それを他の教員に丸投げすることも珍しくありません。これをインフルエンザウイルスのように無限に繰り返し、異動する先々で際限なく業務を増やしてしまいます。ウイルス教員には罪悪感がないだけでなく、「あの学校を良くしたのは、自分なんだ！」と周囲に吹聴して回ります。

26. 業務分担すると全体の業務量が増えてしまうことに気が付かない

単純業務ならば、１人よりも、２人で担当したほうが、時間は半分で済みます。ただし、リンゲルマン効果（社会的手抜き）と呼ばれる現象があり、１人では100％の力を出していたのに、２人では93％、３人では85％、

というように、集団が大きくなるほど１人あたりの貢献度は低下します。さらに、担当者全員の意思統一のために、余計なホウレンソウまで増えるので、全体の業務量は増加します。最悪の場合は、「簡単な仕事を任せたはずなのに、締め切り間際になって放り出されてしまい、仕方がなく自分でやる羽目になった」というパターンも起こります。

27. 教員自身が、「24時間営業の何でも屋」だと勘違いしている

同じ教員側から、「仕事が嫌なら、仕事を辞めればいいでしょ？」というブラック企業の理屈で反論されることがあります。このような教員に、「市役所の職員が、勤務時間外に、万引きをした住民の身柄を引き取りに行きますか？」という質問をすると、「そんなバカな話はない」という返答があります。どの職種にも、業務の範囲と営業時間が明確に設定されていて、それを超えると、「それは、私たちの仕事ではありません」と断られます。学校が責任を負うべき範囲は、「勤務時間内・学校の敷地内・授業に関すること」が基本です。けれども、「24時間営業の何でも屋」だと勘違いしている教員が多いようです。

28. 「前例がないから」という理由で、現状維持に執着する

都市伝説かと思っていました。教員に業務削減の提案をしても、さまざまな理由で却下しようとします。その理由を全て論破すると、「前例がないから…」という本音が返ってきます。このような教員には、「前年度を踏襲すると、前年度と同じく、職員室の同僚が倒れます。それでも構いませんか？」という質問をしてみてください。よほど鈍感な人間でない限り、同僚の不調には気が付いているはずです。企業であれば、「前例がないからこそ、ビジネスチャンスなんでしょ」という勇ましい理屈が通用しますが、教育公務員に同じことは期待できません。

29.「生徒のために」という言い訳をするが、結局は自分を変えたくないだけ

業務削減を提案しても、教員は「生徒のために」という伝家の宝刀を抜きたがります。このような教員に、「教員だけで完結する業務削減プラン」を提案すると、「今まで続けてきた自分のスタイルを変えたくない」という本音が返ってきます。生徒に「自分を変えることを要求する」のが教員だと思うのですが、教員自身が「自分を変えたくない」というのは本末転倒です。

30.「もし失敗したら、誰が責任をとるんだ」と臆病になりがち

成長する企業ほど、チャレンジ精神が高く評価されますし、もし失敗しても再びチャンスが与えられるという組織文化があります。ただし、教員は地方公務員であるため、良くも悪くも給料が劇的に上がることはありません。そのため、チャレンジが成功しても給料は変わらず、失敗したら責任を追及されてしまう勤務形態です。わざわざリスクを背負って、新しいことに挑戦しようという発想にはなりません。

31. 管理職は２年で異動するので、お互いに波風を立てたくない

校長と教頭は、約２年で異動するのが通例です。そのため、ヒラ教員が業務削減を提案しても、「どうせ自分は２年で転勤するんだから…」と、のらりくらりと受け流します。逆に、業務削減に前向きな管理職がいても、ヒラの教員は「どうせ管理職は２年で転勤するんだから…」と、面従腹背を決め込みます。業務削減には摩擦や衝突がつきものですが、お互いに笑顔のままで転勤したいのが人情です。特に定年間際の校長は、「自分が定年退職するまで余計なことをするな」というのが本音です。これで何かを変えようというのが、土台無理な話です。

32. 働き方改革の重要性と緊急性が上がったことに気が付いていない

次の表は、組織内の業務を、重要度と緊急度の高低で４つの領域に分類

したものです。

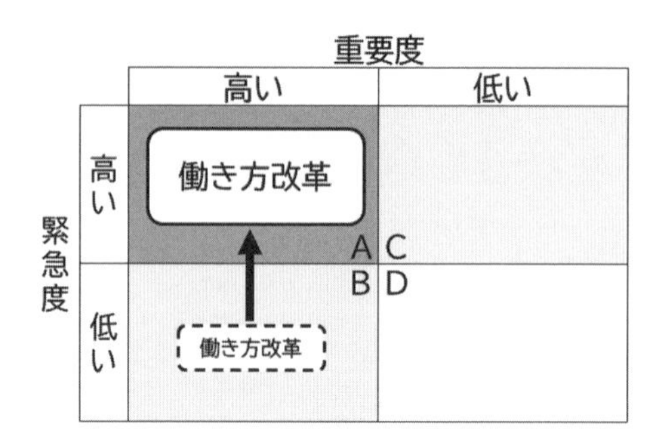

多くのビジネス書では、「領域Ｃよりも領域Ｂを優先しなければ、いずれ領域Ａに移動してしまう」という記述があります。教員の「働き方改革」は、領域Ｂの業務でしたが、何十年も放置し続けた挙句、領域Ａに格上げされてしまいました。今となっては完全に後の祭りですが、多くの教員は、領域Ａに格上げされたことにすら気が付いていません。

33. 雲をつかむような抽象論は好きだが、「じゃあ、どうする？」という具体的な話は苦手

ある企業において、社員Ａと社員Ｂが以下のような会話をしていたと仮定します。

社員Ａ：まずは、顧客満足を高めましょう。
社員Ｂ：確かにその通りだ。それで具体的には？
社員Ａ：全くのノープランです。
社員Ｂ：オマエは一体、何を言ってるんだ？

おそらく、社員Ａは仕事のできない人間というレッテルを張られるに違いありません。ビジョンや理念を語るのは、企業の経営者かそれに近い人間の仕事であり、それを具体的な業務に落とし込んでいくのが、他の社員の仕事です。ただし、教員同士では、以下のような会話が、ごく普通に成立してしまいます。

教員Ａ：生徒に「主体的・対話的で深い学び」を身につけさせましょう。
教員Ｂ：確かにその通りです。それで具体的には、どうしますか？

教員Ａ：全くのノープランです。
教員Ｂ：そうですよね〜。難しいですよね〜。

理由は単純で、「抽象論は誰かの受け売りでも良いが、具体案を出すためには自分の頭を使う必要がある」というだけの話です。また、曖昧な抽象論ならば誰も反対しませんが、具体案には必ず賛否両論があります。それが面倒くさいというのも理由の１つかもしれません。

34.「主体的・対話的で深い働き方」をしていない

前述の「主体的・対話的で深い学び」については、いろいろな評論家の方々が定義や解釈を披露していて、議論百出の状態です。私の個人的な解釈をさせていただけるならば、「主体的・対話的で深い学び」とは、「企業で役に立つ人材を育ててくれ」という一言に尽きると思います。つまり、「言われたことだけを行うのならば、機械のほうが安く済む。雑学的な知識だけの人間も、スマホで簡単に検索できる時代には不必要である。企業が欲しいのは、たくさんのアイディアを出して、周囲と協力してそれを実現できる人材である」ということではないでしょうか。別の見方をすれば、企業側も採用した人材をじっくり育てている余裕がなく、人材育成を学校側に前倒しにしたという事情も透けて見えます。もし、この解釈が正しいのであれば、現在の教員は、「主体的・対話的で深い働き方」とは対極の存在です。生徒に対して、「主体的・対話的で深い学び」を身につけさせるのは、難しいかもしれません。仮に、「主体的・対話的で深い学び」を身につけた学生が教員になった場合には、採用初日に、「どうして、こんなに無駄な業務があるのですか？　なぜ誰も改善プランを提案しないのですか？」と驚くのではないでしょうか。それにしても、「家庭で行うべき躾」だけでなく、「企業で行うべき新人社員教育」まで業務委託されるのですから、現場の教員はなかなか骨が折れます。そのうち、厚生労働省あたりから「出生率を上げるために、公立学校で恋愛スキルを教えてくれ」という依頼が来るかもしれません。

35. 教員は、頭が固い

身も蓋もない話ですが、教員には頭が固い御仁が多いようです。というよりも、「頭を柔らかくする訓練を受けていない」というほうが、正確な表現でしょうか。頭を柔らかくする訓練として、ブレーンストーミング（ブレスト）をお勧めします。「頭脳の嵐」という意味ですが、1953年アレックス・F・オズボーンにより発表された会議の方法で、アイディアを生み出す「発散タイプ」の代表格です。参加人数は５～７名が理想とされ、参加者は以下の４つのルールを厳守します。

①結論厳禁　自由なアイディアを制限するような判断・結論は慎みましょう。判断・結論が必要なときは、次の段階の「収束タイプ」の会議に持ち越しましょう。

②自由奔放　誰でも思いつく平凡なアイディアよりも、奇抜で斬新でユニークなアイディアを重視しましょう。新規性のある業務や発明ほどは、最初は笑いものにされることが多いものです。

③質より量　さまざまな角度から、より多くのアイディアを出しましょう。「三人寄れば文殊の知恵」というスタンスが重要です。

④結合改善　別々のアイディアを結合したり、一部を変化させたりして、新たなアイディアを生み出しましょう。他人の意見に便乗することを、むしろ歓迎しましょう。

ただし、教員が５～７名も集まる余裕はありませんので、１人でブレストするのがお勧めです。このとき役に立つのが、同じくアレックス・F・オズボーンにより提唱された「オズボーンのチェックリスト」です。

1．転用：他の使い道はないか？
2．応用：アイディアを借りて、何かの真似はできないか？
3．変更：要素を変えてみては？
4．拡大：大きく・強く・高く・長く・厚くしてみたら？　時間や頻度を増やしたら？
5．縮小：小さく・軽く・弱く・短く・薄くしてみたら？　時間や頻度を減らしたら？　省略したら？
6．代用：他のもので代用できないか？　他の人に代わってもらえるか？
7．置換：入れ替えてみたらどうか？
8．逆転：逆にしてみたらどうか？
9．結合：組み合わせてみたら？

また、頭を柔らかくする訓練として、企業などで実施されているユニークな面接問題にチャレンジするのも楽しいと思います。

問題１：「ひまわり」から連想できる言葉を、できるかぎり多く挙げてください。
問題２：ニンジンが嫌いな子供に、ニンジンを食べさせる方法を10個挙げてください。
問題３：箱いっぱいの鉛筆があります。筆記用具以外の使用法を10個挙げてください。
問題４：突然ですが、あなたは「マッチ売り」の少女です。マッチを売らなければ、最終的には凍死してしまいます。どのような工夫をすれば、マッチを売ることができますか。
問題５：スキンヘッドのお坊さんに、「クシ」を売らなければなりません。どのような工夫をすれば、お坊さんにクシを売ることができますか。

36．当事者意識が低いため、対案を出さずに、「総論賛成、各論反対」となる

TINA（There is no alternative）という言葉があり、「対案は存在しない→反対するなら対案を出せ」という意味です。企業では、アイディアを出す発散タイプの会議において、最低限のマナーであるとされています。ただし、「業務削減には賛成だが、その業務を減らすのには反対だ」という

教員が多く、いつまで経っても話は前に進みません。その教員に、「じゃあ、どの業務を減らすのですか？」という質問をしても、「それは管理職が決めることだ」という返答だけで、当事者意識が全くありません。

37. 現役の92万人の教員は、疲弊しすぎて、もはや業務削減を提案する気力が残っていない

これが本書の目的です。公立学校の小中高の教員92万人は、日々の業務をこなすだけで疲弊しています。たとえ業務削減のアイディアがあっても、それを提案するだけで他の教員からは、「ヤル気のない教員だ」と異端視されますし、校長や教頭からは「面倒くさい奴だ」と煙たがれることは確実です。だったら、業務削減の提案というリスクを引き受けるよりも、おとなしく日々の業務に専念するのが得策というものです。私自身は、このような日和見主義を否定するつもりはありませんが、同僚が過労死の危機に直面している現状を、このまま見て見ぬふりをしたくはありません。本書の業務削減プランを実行することで、１人でも２人でも、過労死のリスクから解放できればと考えています。

第Ⅱ部

教員の業務削減＆改善プラン

教員だけで完結する業務削減プラン45

この章で提案する業務削減プランは、教員だけで完結します。生徒や保護者には影響がないため、「生徒のためでしょ」という反対派の意見を完全に封じることができます。逆に、反対する教員がいれば、「もっと生徒のために、時間を有効活用できますよ！」と、伝家の宝刀でバッサリと切り捨ててしまいましょう。まずは、働き方改革の流れをつくることをお勧めします。

できるかぎり、１年間の削減効果（時間）を示しています。ざっくりとした概算なので、ある程度の誤差はご了承ください。

- １学年は４学級で、全校で12学級とする。
- 生徒は１学級40人で、全校で480人とする。
- 生徒の登校日は、200日で、各曜日は40日とする。
- 教員の勤務日数を、240日とする。（実際には245日）
- 教員は、下のように30人とする。

<table>
<tr><th colspan="2">教員30人の内訳</th><th>A組</th><th>B組</th><th>C組</th><th>D組</th><th>管理職</th></tr>
<tr><td rowspan="3">1年生</td><td>担任</td><td>1</td><td>1</td><td>1</td><td>1</td><td rowspan="9">校長1
教頭1</td></tr>
<tr><td>副担</td><td>1</td><td>1</td><td>1</td><td>1</td></tr>
<tr><td>学年所属</td><td colspan="4">1</td></tr>
<tr><td rowspan="3">2年生</td><td>担任</td><td>1</td><td>1</td><td>1</td><td>1</td></tr>
<tr><td>副担</td><td>1</td><td>1</td><td>1</td><td>1</td></tr>
<tr><td>学年所属</td><td colspan="4">1</td></tr>
<tr><td rowspan="3">3年生</td><td>担任</td><td>1</td><td>1</td><td>1</td><td>1</td></tr>
<tr><td>副担</td><td>1</td><td>1</td><td>1</td><td>1</td></tr>
<tr><td>学年所属</td><td colspan="4">2</td></tr>
</table>

プラン❶　職員朝会では、記載済みの内容は口頭説明しない。削減効果は120時間

記載済みのことは、資料を読んでもらうだけで十分です。また、その情報を必要としているのは一部の職員だけであることが多く、わざわざ全職員の時間を奪ってまで、口頭説明する必要はありません。【削減時間】無駄な口頭説明１分×職員30人×240日＝7,200分＝120時間

プラン❷　職員朝会では、「記載がなくて申し訳ございませんが…」を認めない。削減効果は120時間

職員朝会の資料に記載がないのに、「記載がなくて申し訳ございませんが…」と前置きして、長々と口頭で説明する職員がいます。場合によっては、職員全員にメモを要求することもあります。もちろん、緊急の生徒連絡などは、記載がなくても OK です。【削減時間】記載なしの説明が１分×職員30人×240日＝7,200分＝120時間

プラン❸　職員朝会は、紙資料の配布ではなく PC 閲覧とする。削減効果は12時間

多くの学校では、いまだに教頭が職員全員分の紙資料を配布します。わざわざ人数分を配布するのは時間の無駄ですし、配布された紙資料を廃棄する手間も必要です。職員朝会をパソコンの閲覧にすれば、打合せの直前までデータ更新することもできます。なお、どうしても紙資料が良いという職員のために、何枚かは印刷して所定の場所に置いておきましょう。【削減時間】紙資料を全員配布するのに３分×240日＝720分＝12時間

プラン❹　職員朝会の資料は、ワードではなくエクセルとする

職員朝会の資料は、使い勝手の良さからワードが多用されます。ただし、「誰かが開きっぱなしにしているので、新しく追加入力できない」というトラブルが頻発します。また「４月１日」と「４月２日」の資料を別々につくると、「モップ交換の日時を知りたい」という場合には、全てのファ

イルを開いて確認しなければなりません。エクセルであれば、「ブックの共有」という機能が使えるので、１つのデータに何人でも同時に入力でき、１年分の情報を１つのファイルにまとめることもできます。また、「Ctr＋F」による文字検索で、必要な情報に一瞬でたどり着けるので、時間短縮になります。以下は、職員朝会の資料をエクセルで再現したものです。

	A	B	C	D	E	F
1	日付	曜日	分掌	内容	発信者	資料
2	4月8日	月	総務	着任式と始業式は、3月の職員会議通りです		○
3	4月8日	月	教務	来週の時間割を本日中に確定します		なし
4	4月8日	月	総務	大掃除の担当職員に一部変更があります		○
5	4月9日	火	生徒	対面式はイスを持って体育館へ。13:05に放送あり		なし
6	4月9日	火	2学年	生徒連絡あり		口頭で
7	4月10日	水	1学年	個人写真撮影(1年)は、3月の職員会議通りです		○
8	4月10日	水	その他	職員室の「コーヒー友の会」の支払いをお願いします		なし
9	4月11日	木	進路	公務員模試あり・15:40～16:10は校内放送なし		なし

Ｆ列の「○」は、ハイパーリンクです。「４月の職員朝会の閲覧資料」のフォルダを用意して、１クリックで飛べるようにしておけば、自分のバインダーから紙資料を探す手間を省けます。

プラン❺　自分のスケジュール管理は、エクセルの年間行事予定表で行う

社会人ならば、紙の手帳やスマホでスケジュール管理をするはずです。ただし、教員には、そもそもスケジュール管理という概念がありません。「それで仕事が回るのか？」という指摘はごもっともですが、教員は、仕事を飛ばしても管理職や同僚から叱られることはなく、「次から気をつけてよ」程度で済みます。ミスをした教員も、「仕事を飛ばさないためには、具体的にどうすれば良いのか？」と改善する習慣がありません。最も簡単なのが、エクセルで年間行事予定表を全て縦に繋げて（次頁左側）、自分のスケジュールを追加する（次頁右側）だけです。「重要で緊急性の高い仕事は赤色」というように、必要に応じてセルの色分けをすると、使い勝手が向上します。

日付	曜日	予定
4月8日	月	大掃除・着任式・始業式
4月9日	火	対面式・HR役員選出
4月10日	水	個人写真撮影(1年)・内科検診(1年・5、6h)
4月11日	木	高3公務員模試
4月12日	金	尿検査(一次)
4月13日	土	
4月14日	日	3年生マーク模試
4月15日	月	

日付	曜日	予定
4月8日	月	大掃除・着任式・始業式
		大掃除・最初にモップ交換をしてから 看護模試のファックスの締め切りです
4月9日	火	対面式・HR役員選出
		対面式では、カメラを持参すること
4月10日	水	個人写真撮影(1年)・内科検診(1年・5、6h)
4月11日	木	高3公務員模試
4月12日	金	尿検査(一次)
		マーク模試の監督とホウレンソウをすること
4月13日	土	
4月14日	日	3年生マーク模試
4月15日	月	マーク模試の発送予定日・確認すること

プラン❻　職員室にある黒板の行事予定表は廃止する。削減効果は６時間

毎月の行事予定は、定例の職員会議で全員配布されていますが、なぜか担当の教員が、黒板の行事予定表にチョークで書き込むという二度手間の習慣が残っています。どうしても、昔ながらの方法が落ち着くというのであれば、行事予定表を大判印刷して壁に貼り付けるのも１つの方法です。【削減時間】チョークの手書きで30分×年12回＝６時間

プラン❼　職員会議は、パソコン閲覧とし、データは共有フォルダで保存する。削減効果は24時間

古いスタイルの職員会議では、全員分の紙資料を印刷・帳合いします。これを会議室にパソコンを持参するか、職員室の付近に「立入禁止」の看板を立てるだけで、紙資料の準備を必要最小限にできます。特に、「会議の場所で全員に配布され、終了後に回収されてシュレッダー行き」という資料は、パソコン画面の閲覧だけで十分です。また、あらかじめ「４月・職員会議資料」という共有フォルダをつくり、データを入れておけば、わざわざ自分のバインダーから紙資料を探す手間を省くことができ、必要な情報に簡単にたどり着くことができます。【削減時間】全員分の紙資料を準備するのに２時間×年12回の職員会議＝24時間

プラン❽　職員会議は「記載の通りです」を基本とし、変更点のみ説明する。削減効果は60時間

紙資料の文字を、懇切丁寧にすべて読み上げる教員がいます。しかし、よく推敲されて過不足のない資料であれば、「記載の通りです」という一言で済みます。また、昨年度からの変更点のみアンダーラインを引いておき、変更のポイントだけを簡潔に説明するだけで十分です。もうそろそろ、「会議で長く話せば、それなりに格好がつく」という意識を変えてみてはいかがでしょうか。【削減時間】短縮効果10分×職員30人×年12回の職員会議＝3,600分＝60時間

プラン❾　職員アンケートは、手書きを廃止して、データへの直接入力とする。削減効果は５時間

学校祭などの大きな行事では、次年度の改善のために、全職員にアンケート用紙を配布します。ただし、最終的にデータ入力するのですから、担当者が「共有フォルダにアンケートデータの原版を用意しています。その原版をコピペして、各自でデータ入力してください」という説明をすれば十分です。また、データ入力であれば、手書きよりも素早く入力することができますし、アンケート用紙のサイズという文字数の制約を受けません。なお、「アンケートに書いたことが必ず反映される」と勘違いするのは、教員の悪い癖です。【削減時間】手書きからデータ入力による短縮時間10分×職員30人＝300分＝５時間

プラン❿　常に、付箋とペンを携帯する

情報を文字で残さなかったことで、多くのトラブルが起きます。付箋紙であれば、不在の教員の机に伝言を残せますし、教科書や書類の栞(しおり)としても利用できます。また、「明日までに○○を提出」と書いて生徒に渡せば、回収率が上がります。ペンのお勧めは、４色のフリクションです。重要度に応じて色分けできますし、加熱すると消えるので重宝します。ただし、消えるペンは公文書に不向きなので、「赤青緑がフリクションで、黒だけ

普通のボールペン」という工夫をすれば、全ての業務を１本のペンで済ませることができます。

プラン⑪　職員室でのホウレンソウは、相手の近くに移動してから

教員は、遠く離れた相手にも、平気でホウレンソウをします。相手の近くに移動してからホウレンソウという常識がなく、職員室でも大声を出し、周囲の仕事の邪魔をします。どうやら、「言葉は放射状に伝わるのではなく、ボールのように相手に届けることができる」と錯覚しているようです。自分の言葉を生徒に届けるのが仕事ですから、このような勘違いも職業病の１つでしょうか。

プラン⑫　手の空いている教員には、プリントの印刷をお願いする

スキマ時間を有効活用するために、簡単な業務依頼を提案します。具体的には、印刷してほしい原稿に「４月10日の12時までに100枚」というメモを張り、職員室の指定の箱に入れておきます。このようなルールを決めておけば、手の空いた教員が肩代わりしてくれるかもしれません。プリントの依頼者は、最終期限を超えそうになったら、自分で印刷しましょう。ただし、「勤務時間内の労働力は、すべて組織のために使う」という、社会人としての規範意識が大前提です。

プラン⑬　校内研修は、希望者のみ参加し、むやみに数を増やさない

校内研修は、教育基本法と教育公務員特例法の２つに記述があります。ただし、あくまでも努力義務であり、「現状に満足してはダメですよ」くらいの意味合いです。希望者だけで十分ですし、むやみに数を増やしても効果がありません。これを取り違えてしまうと、「校内研修で忙しく、本業の授業準備に時間をかけられない」という本末転倒の悲惨な結果を招き

ます。

プラン⑭　研究授業は廃止する

　1人の教員が授業をして、それを多数の教員が参観する「研究授業」があります。単なる「よそゆき」の授業であり、普段の授業とは全くかけ離れた内容です。終了後は参観者が意見を出し合いますが、お互いに「この授業の○○の点が良かった」などと馴れ合うだけで、波風を立てないという暗黙の了解があります。ネットで様々な授業実践が視聴できる時代なのですから、トップクラスの授業はどんなものかを分析して、自分の授業に活かすほうが有意義です。

プラン⑮　研究紀要は廃止する

　研究紀要（ケンキュウキヨウ）とは、自校の教育研究について発行する冊子です。その内容は、「このような授業実践をしたら、生徒の目がキラキラと輝いて…」という美辞麗句が並んだ自己満足に過ぎません。書いた本人以外は誰も読みませんし、たとえ読んでも何も得られません。

プラン⑯　ストレスチェックは、希望者のみ実施する

　ストレスチェックは、事業者側に義務付けられているものです。労働者側には単なる努力義務しかありませんので、希望者だけ実施しましょう。本来であれば、日本全国で「高ストレス No.1の自治体は○○だ！」という順位が発表されても良さそうなものですが、今のところその動きはないようです。というよりも、そんな具体的な数値が公表された日には、教員志望者がゼロになってしまいます。結局のところ、現職の教員にとっては、「やるだけ、やりました」という制度であり、自治体も本気で取り組んではいないようです。教員のストレスの原因が、明らかに長時間の過重労働であるのならば、ストレスチェックによる時間の浪費は、むしろ逆効果です。その不必要な時間を、自身の心身を休めるために使ってください。

プラン⑰　アンガーマネジメント研修は、ブラック職場には無意味なので実施しない

アンガーマネジメントとは、怒りを予防し制御するための心理トレーニングです。具体的には、「怒りのピークは６秒」とか、「深呼吸して心を落ち着かせる」などの行動が提唱されます。アンガーマネジメント自体は否定しませんが、ブラック職場の校内研修として行うのであれば、全く無意味です。むしろ、「世界No.1のブラックな労働環境でも、アンガーマネジメントは可能なのか？」という、壮大な社会実験をしているのかと邪推してしまいます。６秒待って深呼吸をし、心を落ち着かせて冷静に分析しても、「ここは、怒って良いところだよなぁ…」と感じるのですが、いかがでしょうか。

プラン⑱　人事評価の面談は５分で済ませる。削減効果は90時間

ヒラ教員も管理職も、この制度は無意味であることは承知しています。このような無意味なことにわざわざ50分も時間を割く必要はありません。このとき、ヒラ教員から管理職に対して、「給料据え置きの評価Ｃでお願いします。面談を５分で終わらせて、空いた時間でお互いに仕事をしませんか？」と申し出れば、管理職から大いに感謝されることでしょう。【削減時間】時短効果45分×１回２人（管理職＋ヒラ教員）×30人分×年２回＝5,400分＝90時間

プラン⑲　年度初めの職員会議は、４月１日を避ける

４月１日以降でなければ異動による旅費が支給されないというルールがあります。同じ自治体での異動であれば何とかなるかもしれませんが、他の自治体の人間は４月１日の職員会議に間に合いません。幸いなことに、北海道では、最初の職員会議を４月１日に設定するという非常識なことは行われていません。他の自治体でも、同じように実施してみてはいかがでしょうか。

プラン⑳　自作の教材データは、惜しみなく共有する

教員は、教科書や問題集では足りない部分を、自作のプリントで補います。また、生徒のレベルに合わせる必要があるので、試験問題も自作します。ただし、それぞれの教員が自作したものが、全く同じであるならば、完全に時間の無駄です。これを避けるために、「私は自作のデータを提供しますので、あなたもデータを提供していただけますか？」と情報共有することをお勧めします。特に、経験の浅い若手に対しては、ベテランから声をかけてみてはいかがでしょうか。

プラン㉑　各種のポスターは、日付のあるものだけ壁に貼る

公立学校には、外部組織から、山ほどポスターが送られてきます。ただし、学校側にはそれを１枚１枚掲示する義務はありませんので、生徒にとって必要性の高いものだけを貼りましょう。日付のある大学案内などは、生徒にとって必要な情報です。ただし、日付のない「みんなで○○しましょう」という啓蒙ポスターは、毒にも薬にもならないので、わざわざ壁に貼る必要はありません。

プラン㉒　出張の復命書は、極限までスリム化する

教員も、出張後には復命書（企業の報告書）を提出します。平成21年(2009年）に、栃木県教育委員会が「子どもと向き合う時間の確保を目指して」というレポートを作成しました。この中に、「出張復命は、宿泊を伴うものと県外への出張のみ文書で行い、他は口頭復命し、口頭復命簿に月日・名称のみ記入し、押印することとしている」という斬新なアイディアがあります。復命書は、きちんと仕事をしたと証明するのが目的です。わざわざ「○月○日の○時に○○をしました」という細かい作文は不必要です。復命書に「添付資料あり」と記載して、要項添付で済ませましょう。

プラン㉓　模擬試験と資格試験の監督は、希望する職員に多く割り振る

学校を会場にして、さまざまな模擬試験と資格試験が行われています。文科省は「可能な限り民間委託等を進めていくこと」としていますが、業者側に任せてしまうと、受験会場の貸し切り料金が受験料に上乗せされてしまいますし、交通が不便な地域では受験会場までたどり着けません。現実問題とし、PTA が時給1,000円くらいを支払い、教員が試験監督を引き受けるのが妥当でしょう。ただし、教員側も多種多様な事情を抱えていますので、役職や肩書だけで判断せずに、まずは職員アンケートでお互いの希望を事前に把握することをお勧めします。

プラン㉔　一太郎の公文書は廃止する

文章入力は、マイクロソフトの「ワード」が多いはずです。ただし、公立学校では、ジャストシステムの「一太郎」というソフトが、現役バリバリで活躍しています。一太郎のシェアはわずか数％であるため、９割以上の教員は、学校現場で初めて一太郎の存在を知り、ワードとの操作性の違いに苦しみます。2018年１月には、農水省が「働き方改革の一環で、一太郎からワードに統一した」という発表をして、各方面から失笑を買ったというニュースがあります。現在の公立学校は、世間から隔離されたガラパゴス島と同じなのですから、「未開の地域で、希少な生物が再発見されたとしても不思議はない」と、笑って済ませていただけると助かります。一太郎を個人で使う分には何の問題もないのですが、公文書で一太郎を使うのは、そろそろ終わりにしましょう。

プラン㉕　服務規定集は、全員に配布しないで、職員室に１冊だけ常備する

企業と同じく、公立学校の教員にも服務規定集があります。基本的に、どの学校も似たり寄ったりの内容ですが、職員全員に１冊ずつ配布するのが慣例です。大手企業では、このような服務規定集のデジタルデータを共

有フォルダの中に入れておき、1冊だけ印刷して職場の共有スペースに置いておくというパターンが多いようです。デジタルデータであれば、必要な文言を「Ctrl＋F」で文字検索できるので、わざわざ紙資料の中から探す必要もなくなります。

プラン㉖　文章のフォントは、MS明朝からUD明朝へ変更する

ワードの標準設定では、MS明朝というフォントが選択されています。このフォントをユニバーサルデザイン（UD）の明朝体に変更することを提案します。Win10にはビジネス文書用の「BIZ UDP明朝」が標準で入っているため、すぐにでも変更できます。人によっては漢字の払いやハネなどが目に刺さるような感覚があるそうで、UDフォントは、これを軽減するために開発されました。他のUDデザインの商品と同じく、誰が使っても便利で快適です。

プラン㉗　勤務時間終了の合図として、「蛍の光」を流す

勤務時間の終了の合図は、各学校によってバラバラです。これを、定番の「蛍の光」で統一してはいかがでしょうか。動物の条件反射の実験に、「パブロフの犬」というものがあります。犬にエサを与えるときにベルの音を聞かせ続けると、エサがない状態でも、ベルの音を聞くだけでヨダレを出すようになります。多くの人にとって「蛍の光」を聞くと、「帰らなきゃ」という条件反射が成立しているようなので、劇的な効果が期待できます。

プラン㉘　式典の会場図は、写真を残しておく

入学式や卒業式などの式典では、生徒用のパイプイス、来賓用の長机、ステージの垂れ幕、壇上の花瓶など、様々な会場準備が必要です。段取りの悪い教員が仕切ると、せっかく並べたパイプイスを、「あと30センチだけ左へ移動しろ」とか、「やっぱり右へ20センチ戻せ」という指示で、現場を混乱させます。これを避けるために、昨年度の会場写真をワードに貼

り付けて、一括印刷できるように用意しておきましょう。また、マスキングテープの「バミリ」も有効です。

プラン㉙　行事のマニュアルを熟読し、現場にもマニュアルを持参する

多くの教員は、各種の行事のマニュアルを読みませんし、現場にもマニュアルを持参しません。「何年も続けていて頭に入っているので、全く必要がない」というわけではなく、単純に「マニュアルを読んだり、持参したりするのが面倒だから」という理由です。企業にも、意図的に指示書や手順書を読まずに現場を混乱させる人がいるはずです。このような人間は、組織にとっては単なるお荷物でしかないのですが、学校現場ではこの割合が高い傾向があります。

プラン㉚　理科研究会には加入しない

それぞれの自治体ごとに、「理科研究会」という任意団体があり、理科教員の実験レポートを冊子にしたり、自然観察会を主催したりしています。ほとんどの理科教員は、「会費だけを払うから、やりたい人だけで好きにやってください」という立場ですが、何年かに１回は当番校か回ってくることがあり、この事務作業に膨大な時間を取られます。これだけ簡単に実験レポートや動画を見ることができる時代において、理科研究会の存在意義は著しく低下したと言わざるを得ません。

プラン㉛　決済を回すのは一方通行にして、多少のミスがあっても担当者に戻さない

学校外に出す書類は、複数の担当者がハンコを押します。このとき、異常に細かい修正を求められて、担当者のところまで書類が戻ってくることがあります。例えば、教頭から「宛名を、３学年保護者様ではなく、第３学年保護者様にしろ」と指示を受けて修正したのに、校長からは「第３学年ではなく、３学年にしろ」と、修正を求められることもあります。管理

職の好みだけで、労働時間をドブに捨てているようなものです。確実なのは、「致命的なミスがない限り、赤ペンで修正して次に回す」ことです。この方法であれば、赤ペンの部分を修正するだけなので手間が省けます。

プラン㉜ 入試問題を守るための宿直を廃止する

自治体によっては、届けられた入試問題を守るために、教員が朝まで宿直するという風習が残っています。具体的には、入試問題を頑丈な金庫に保管し、保健室からベッドを持ち込んで、2人の若手の教員が朝まで金庫を守ります。もちろん、侵入者への対策として、時代劇で見かける「サスマタ（刺又)」という謎の武器を常備し、「いったい何時代だよ！」と悪態をつきながら、寒さで眠れぬ夜を過ごすことになります。今どきの公立学校は、警備会社と契約を結んでいますが、このときだけは「警備システムを切ってください」という電話連絡をして、旧時代の警備体制に戻ります。そもそも入試問題は頑丈な金庫に保管されているのですから、訓練を受けていない教員がサスマタで侵入者に応戦するよりも、素直に警備会社に任せたほうが確実でしょう。

プラン㉝ パソコンはショートカットキーを多用する

ショートカットキーを利用すると、大幅に作業効率が上がります。便利なものを厳選しました。

キー操作	目的
Alt ＋ Tab	複数のソフトを切り替える
Windows キー ＋ D	デスクトップを表示する
Ctrl ＋ A	すべてを選択
Ctrl ＋ S	上書き保存
Ctrl ＋ Z	元に戻る
Ctrl ＋ Y	同じ操作を繰り返す（「元に戻る」の取り消しも可能）
Ctrl ＋ C	コピー
Ctrl ＋ V	ペースト
Ctrl ＋ X	切り取り

Ctrl　＋　マウスのホイール	画面サイズを拡大・縮小
Ctrl　＋　F	文字を検索する
Ctrl　＋　H	文字を置換する
文字入力して　F7	カタカナに変換する
文字入力して　F10	半角英数に変換する
Ctrl　＋　Shift　　＋　C	選択した文字列の、書式だけをコピー
Ctrl　＋　Shift　　＋　V	選択した文字列に、上記の書式だけをペースト

プラン㉞　ユーザー辞書ツールで、パソコンに使用頻度の高い単語を覚えてもらう

ユーザー辞書ツールを利用すれば、支給されたパソコンにも、使用頻度の高い単語を覚えてもらうことができます。手順はわずか３ステップです。①画面左下の「あ」にカーソルを当てて右クリック　②ユーザー辞書ツールをクリック　③上段の単語に「デオキシリボ核酸」を、下段のよみに「で」と入力する。わずかこれだけの手順で、パソコンは「で」と入力して「デオキシリボ核酸」と表示してくれます。また、登録した単語の削除（変更）をするときには、②でユーザー辞書ツールをクリックし、④で削除（変更）を選択してください。

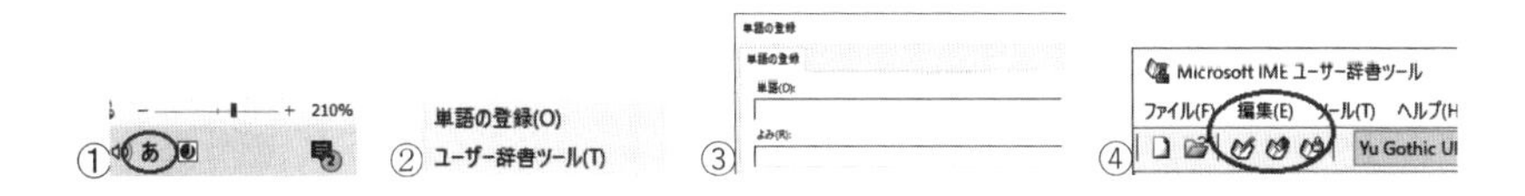

プラン㉟　ユーザー辞書を、他のパソコンでも使えるように、エクスポート・インポートする

さらに、別なパソコンに単語登録を引き継ぐこともできます。①ユーザー辞書ツールの「ツール」クリックする。　②「一覧の出力」を選択する　③デスクトップなどにテキストデータを保存する　④ USB やメールなどで新しいパソコンにテキストデータを移動する　⑤新しいパソコンで、同じく②画面から「テキストファイルからの登録」を選択する。　　これで単語登録の移動が完了です。また、返還するパソコンの単語登録は、す

べて削除しておきましょう。

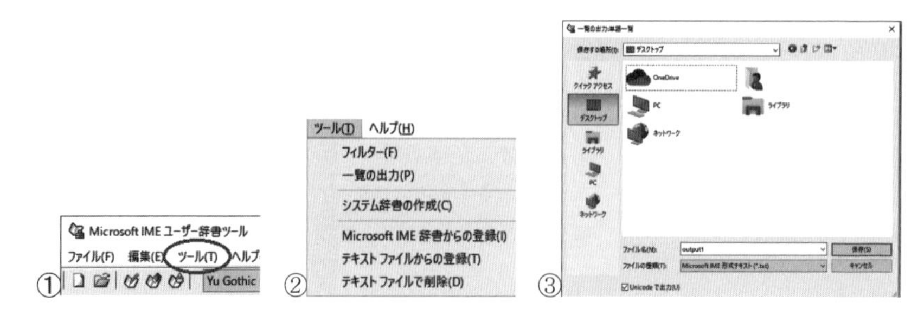

プラン㊱ ユーザー辞書を使い、全校生徒の名前を、一括で単語登録できる

全校生徒の氏名を一括で単語登録しておくと便利です。例えば、同じクラスに徳川という名字の生徒が15名いたときには、手順は以下の通りです。①エクセルでファイルをつくる（左から順に、苗字の平仮名・フルネーム・名詞）②このエクセルファイルを「テキスト（タブ区切り）」で保存する　③このテキストファイルを「テキストファイルからの登録」で読み込む　④「とくがわ」と入力すると、変換候補として15名の生徒の名前が出てくる

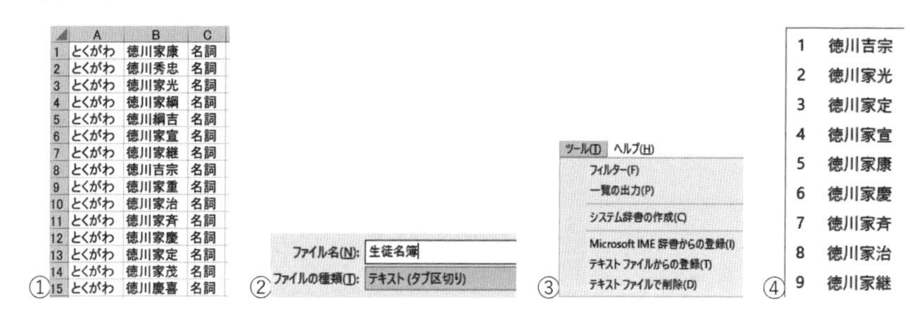

必要となる①のエクセルファイルは、生徒名簿を作るために総務部で用意しています。このとき、名字と名前に不要なスペースが入っていれば、次の手順でスペースを削除してください。⑤のように範囲選択する　⑥データタブの区切り位置をクリックする　⑦スペースでセルを２つに分割する　また、漢字に不要なスペースが入っていれば、以下の手順で削除してください。⑧範囲を選択する　⑨「Ctrl ＋ H」で置換タブを出し、上段

に「□（スペース）」を入れて下段に何も入れずに置換する　⑩のように、セルの中から「□（スペース）」を探して「何もない」に置換してくれる

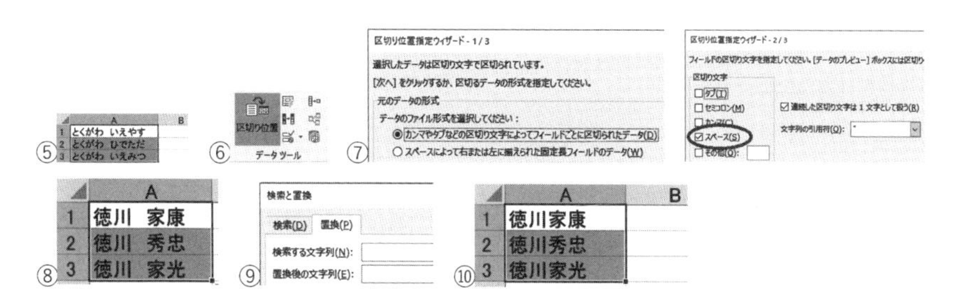

３月になったら全校生徒の名簿を「テキストファイルで削除」をして、４月になってから新しい名簿を入れ直してください。そうしなければ、卒業生徒の名前がパソコンに残り続けます。

プラン㊲　テストの採点は、電卓ではなくエクセルを使い、設問ごとの平均点を記録しておく

テスト採点のとき、エクセルならばデータを持ち越すことができます。例えば、「設問１の平均点が低いから、テストの後で生徒に復習させよう」とか、「去年の設問１の平均点を参考にして、今年は少し難しくしよう」という使い方ができます（下図）。

	A	B	C	D	E	F	G	H	I	J	K	L
1		平均	8.5	8.8	8.3	7.8	6.7	7.3	8.3	8.0	6.0	69.1
2	番号	氏名	設問1	設問2	設問3	設問4	設問5	設問6	設問7	設問8	設問9	合計
3	1	徳川家康	9	10	9	8	7	8	9	9	8	77
4	2	徳川秀忠	7	8	8	6	6	8	7	8	6	64
5	3	徳川家光	9	9	9	8	6	9	9	9	7	75
6	4	徳川家綱	8	9	8	8	5	7	8	8	6	67
7	5	徳川綱吉	10	9	9	9	8	5	9	9	4	72
8	6	徳川家宣	8	8	7	8	8	7	8	5	5	64

プラン㊳　業務の属人化を避けるために、次期担当者への引継ぎマニュアルを準備しておく

企業でも、「あの人以外には無理だ」という業務があります。これを「業務の属人化」と呼びますが、その担当者が組織から抜けてしまうと、

組織全体が完全にストップする危険があります。公立学校では４月に異動があるため、新しい担当者が「この仕事って、どうやるの？」と頭を抱えるトラブルが多発します。このような状況を少しでも軽減するために、誰でも理解できる引継ぎマニュアルを準備して、業務を標準化しておくことをお勧めします。

プラン㊴　余計な口出しをしないで、担当者に任せる

どの企業にも、「自分とは関係のない業務に口出しをする」社員がいるのではないでしょうか。いわゆる評論家タイプの人間です。偉そうに他人の仕事にケチをつけることで、自分が優位に立ちたいという心理が働いているようです。教員には、なぜかこのタイプが多く、大きな学校行事では「船頭多くして、船山に登る」という状況が、毎年のように繰り返されています。もうそろそろ、「担当者に任せる」という大人の対応をしてはいかがでしょうか。

プラン㊵　私語の多い教員は、職員室の座席を離した配置をする

職業柄というべきでしょうか、教員には話し好きで、声の大きい方々が多いようです。生徒や学校教育に関することならば、100歩譲ってアリかもしれませんが、近所にある居酒屋などの話で盛り上がるのはナシでしょう。このような大声での私語を、給湯室ではなく職員室で行うので、他の職員の邪魔をしてしまいます。残念ながら、本人には「勤務時間中には自分の時間がない」という社会通念が欠けているので、いくら注意してもこの行動が改まることはありません。最終手段ですが、私語の多い教員同士を物理的に離した席に配置することを提案します。これは、授業中に私語の多い児童に対して、小学校の先生が採用する方法です。

プラン㊶　生徒が座っている講演会では、教員にもパイプイスを用意して遠慮なく座る

外部講師を招き、体育館で講演会を実施する時があります。このとき、

生徒は教室からイスを持って来て座って講演を聞くのですが、なぜか教員にはイスが用意されていないことがあります。このとき教員側も、床に腰を降ろしても良いのかダメなのか、判断に迷ってしまいます。教員が立ったまま講演を聞いていると、講演者にも無駄なプレッシャーをかけてしまうので、教員は生徒と同じくパイプイスに座ったままで講演を聞きましょう。パイプイスを出す手間は増えますが、その体力を次の授業に温存してください。なお、100円ショップにも、小さな折り畳みイスがありますので、ご活用ください。

プラン㊷　歓迎会の時期を、４月末に移動する

公立学校の歓迎会は４月上旬に行われます。転入者は、引っ越しの手続き（住民票の移動・電気ガス水道の手続き・運転免許証の住所変更など）が残ったままです。また、４月上旬は入学式や始業式などで、学校全体がテンテコマイの状態です。転入する側も、受け入れる側も、「このタイミングで歓迎会かぁ…」という本音を隠して歓迎会に参加します。どうせ身内なのですから、歓迎会を４月末に移動して、お互いに win- win の関係を目指してはいかがでしょうか。

プラン㊸　飲み会は、「酒を飲むだけ・希望者のみ・私服で参加」とする

教員の飲み会は、転入者の経歴を冊子にして全員配布したり、飲み屋の壁に横断幕を張り付けたり、忘年会での余興に時間を浪費したりと、お酒を楽しむという本来の行為から大きく逸脱しています。また、幹事や余興係は当番制なので、運が悪ければ過労死ライン超えの教員が、倒れそうになりながらビンゴ大会の司会を務めることもあります。飲み会の幹事や余興係は、やりたい人が立候補すれば良いだけの話です。服装についても、どうせ身内しか参加しないのですから、わざわざスーツに着替えないで、私服で十分でしょう。

プラン㊹ 学級数が減ることを前提に、あらかじめ準備をしておく

学級数が減ると、教員数も段階的に減らされてしまい、それぞれの負担が増加します。

学年当たりの学級数	1	2	3	4	5	6	7	8	9
全校生徒（人）	120	240	360	480	600	720	840	960	1,080
教諭等（人）	8	15	22	28	33	39	44	48	53

2020年４月からは、授業料の支給額の上限が引き上げられ、私立高校の平均的な授業料とほぼ同じになりました。年収590万円未満の家庭ならば、私立高校の授業料は「実質無料」です。これまで経済的な理由で諦めていた生徒が私立に流れ、公立高校の学級数削減はさらに加速します。油断をしていると、「人員が減らされ、各自の労働時間も減らされたのに、業務量は前年度のまま」という最悪のパターンとなります。

プラン㊺ エースの自覚がある教員は、「津波てんでんこ」の精神で、無理をしてでも早く帰る

東北地方に、「津波てんでんこ」という言葉があります。これは、「津波が来たら、てんでんばらばらに逃げろ」という意味です。この言葉には、自分が助かるだけでなく、正常性バイアスを打ち破り、周りの避難も促すという効果が期待できます。正常性バイアスとは、大規模災害などで、自分にとって都合の悪い状況を無視したり、過小評価したりして、精神の安定を図ろうとする心理状況のことです。

「仕事のできる人間には仕事が集中する」ことを承知した上で、エース級の教員にお願いがあります。毎日５分だけ結構ですので、できるだけ早く帰ってください。というよりも、職場全体に対して「早く帰るという演技」をしてください。エースが職場に残っていると、「仕事のできる教員が残っているのに、仕事のできない自分は帰りにくい」という「空気」を生み出してしまいます。もしご自身にエースとしての自覚があるのであれば、仕事をさっさと片付けて、「お先に失礼します！」と早上がりをして

ください。あなたのその行動が、「津波てんでんこ」と同じように、周りの教員の働き方改革を促すはずです。

第5章 生徒に関わる教育活動の業務削減プラン43

この章のプランは、生徒が直接的に関わります。ポイントは、「教育的意義があるかどうか」という二者択一ではなく、「その教育的意義は、優先度が高いのか」という順位付けの発想です。これを間違えると、業務削減を提案したつもりが、「教育的意義を再確認するだけ」となります。

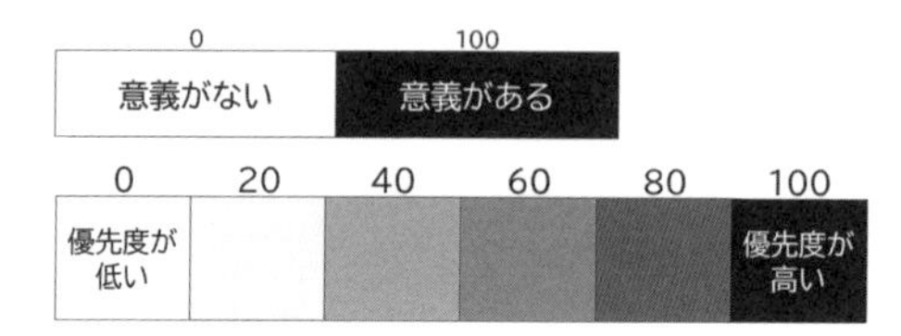

プラン❶ 放課後の掃除は、月水金の週３回のみとする。削減効果は400時間

生徒と教員が一緒に掃除を行うのは、世界的に珍しい習慣で、他には台湾とシンガポールくらいです。教員免許は不必要で、文科省の仕分けでは、「学校の業務だが、必ずしも教員が担う必要のない業務」という扱いです。ただし、清掃業者に頼むにしても予算がありませんし、学校外のボランティアを確保できるとは限りません。そもそも、掃除は毎日行う必要はないのですから、週３回に減らしても支障はありませんし、１週間に１回という掃除区域があっても問題ありません。もし学校がゴミ屋敷になってしまったら、元に戻せば良いだけです。【削減時間】教員が10分間の監督をしていて、火木の掃除を廃止する。10分×教員30人×80日＝24, 000分＝400時間

プラン❷ 朝のあいさつ運動を廃止する。削減効果は200時間

朝のあいさつ運動とは、当番の教員が生徒玄関前に立ち、「おはようご

ざいま〜す」と生徒に声をかけるだけの業務です。本来の目的は、登校時間後に生徒玄関の鍵を閉めるという、セキュリティ対策です。また、車で生徒を送ってきた保護者がこの光景を見ると、「教員が過労死ラインを超えるほど忙しいというのは、うちの学校には関係ないのだな」という間違ったメッセージを受け取ってしまいます。【削減時間】教員３人×20分間×200日＝12,000分＝200時間

プラン❸　自転車点検を廃止する。削減効果は16時間

これは、自転車通学をする生徒に対して、きちんと整備されているかどうかを確認する業務です。具体的には、ライトが点灯するかどうか、ブレーキが効くかどうか、防犯登録標識（登録シール）が貼ってあるかどうかを確認して、チェックリストに書き込みます。ただし、教員は自転車安全整備士の資格がありませんので、ただの気休めでしかありません。また、点検義務があるのは利用者本人であり、それを生徒が怠ったとしても、学校側には無関係です。学校の管理責任を問われるのが心配であれば、点検用紙を保護者に配布し、保護者のハンコをもらって学校に提出してもらうだけで十分です。【削減時間】自転車通学の生徒240人×２分間×年２回＝960分＝16時間

プラン❹　学校独自の自転車シールを廃止する

校章が入ったシール（１枚100円で自己負担）を、生徒の自転車に貼ってもらうことがあります。このシールがあれば、盗難された自転車の持ち主を、学校に照会できます。ただし、防犯登録標識（登録シール）は義務化されているのですから、学校独自の自転車シールは無意味です。無意味なだけならまだマシですが、不心得者の生徒がコンビニやスーパーに無断駐車すると、「お宅の学校の生徒が自転車を勝手に駐輪してあるのですが…」という苦情の電話がかかってきます。学校の敷地外のことは教員には関係がないので、学校に連絡せずにレッカー移動してもらったほうが助かるのですが、苦情が来た以上は、学校側も対応せざるを得ません。この自

転車シールは、業務範囲を無駄に広げて、自分で自分の首を絞めてしまう典型です。

プラン❺ 避難訓練を年2回までとし、生徒に予告する。削減効果は15時間

消防法施行規則第3条第10項では、年2回以上の避難訓練が義務付けられています。むやみに数だけ増やしても効果は上がりません。また、予告なしで避難訓練を行うと集団パニックになり、「これは訓練です」という放送すら耳に入らないので、生徒に周知徹底をしたほうが無難です。【削減時間】避難訓練50分×教員18人（全教員30人－授業の教員12人）＝900分＝15時間

プラン❻ 学級日誌を廃止する。削減効果は120時間

学級日誌というものがあり、日直の生徒が、その日の天候・欠席した生徒・時間割・授業の内容・自由コメントなどを書き込みます。これらの情報は、誰も必要としていません。廃止に抵抗があるのであれば、せめて担任の返信コメントは、「よくできました」のハンコで済ませてはいかがでしょうか。【削減時間】返信コメントに3分×担任12人×200日＝7,200分＝120時間

プラン❼ 定期考査の赤点課題を廃止する

定期考査で30点未満であれば、いわゆる「赤点」です。ただし、この「赤点」には明確な基準がなく、「平均点の6割未満なら赤点」という学校もありますし、そもそも「赤点がない」という学校もあります。学校によっては、「赤点課題を与える」という独自のルールを設定していますが、教員にとって負担が大きい割には、「赤点課題で成績が飛躍的に伸びた」という事例は皆無です。なお、「学校には、定期考査の実施は義務付けられていない」という事実も申し添えておきます。

プラン❽　成績表は厚紙への手書きではなく、コピー用紙への印刷とする。削減効果は160時間

成績表には、通知表・あゆみ・通信簿など、さまざまな名称があります。学校は指導要録（出席状況・成績・健康状態などの公的な記録）を作成・保存する義務はありますが、成績表の作成義務はありません。ただし、成績表の廃止は現実的ではないので、印刷のほうが読みやすく、多くの情報量を書き込めるという事実に注目し、コピー用紙への印刷に変更するという折衷案をお勧めします。年賀状すら縮小傾向にあるこの時代に、手書きにこだわっていても仕方がありません。【削減時間】手書きからPC入力に切り替えた時短効果10分×480人×年２回＝9,600分＝160時間

プラン❾　成績表は保護者宛に郵送せずに、生徒に手渡しする。削減効果は32時間

生徒の成績表は、レベルの高い個人情報なので、最低でも教員２人によるダブルチェックが必須とされます。この成績表の郵送は、過剰サービスによって貴重な労働力が失われる典型です。もし保護者から、「ウチの子に渡すと家庭に届かない。成績表を郵送してほしい」という要望があったとしても、学校側は「生徒に渡しました」と説明するだけで十分です。【削減時間】住所と成績表の確認で１分×生徒480人×チェック２回×年２回郵送＝1,920分＝32時間

プラン❿　生徒手帳の全員配布を廃止して、A4に印刷して教室に１冊常備する

学生であることの証明は、「学生証」で行います。生徒手帳は、単なる使い勝手の悪い手帳でしかないため、ほぼ100％の生徒が一度も使わずに卒業します。本当に必要な情報はA4の両面１枚程度なので、それを全員に配布するだけで十分です。また、生徒手帳のすべての内容をA4に印刷して教室に１冊常備しておけば、わざわざ生徒全員に購入させる必要はありません。

プラン⑪ エコキャップ運動を廃止する

エコキャップ運動とは、廃棄予定だったペットボトルのフタをリサイクルに回して、その利益をワクチンに変える運動です。ただし、1人分のワクチン代20円のためには、フタが2 kg（約800個）も必要で、むしろフタを団体に輸送する代金のほうが高くつきます。集めたフタをすべて水洗いするという手間がかかるのに、ボランティアとしては無意味です。ボランティアの教育的意義を否定しませんが、エコキャップ運動だけは廃止したほうが良いでしょう。代わりに何を実施するかは、頭の柔らかい生徒自身に任せたほうが良い知恵が浮かぶはずです。

プラン⑫ 校歌斉唱は1番のみとする。削減効果は5時間

入学式や卒業期の校歌斉唱を、1番のみに限定することを提案します。さすがに「校歌は無意味でしょ」という主張は少し乱暴ですが、1番だけでも不都合はありません。校歌の音源がCDである場合でも、専用ソフトで切り貼りして1番のみに再編集することは難しくないはずです。

プラン⑬ 全校朝礼を廃止する

教員が生徒を拘束できるのは、授業時間内に限定されています。それなのに、かなりの頻度で全校朝礼をやりたがる校長がいます。これには気の毒な一面もあり、校長にもなると、児童生徒と触れ合う機会が激減し、「自分の教員人生は、何だったのか？」と急に寂しくなるようです。そのため、定年退職が近づいた校長は、未来のある次世代に対して、「人生に役立つ良い話」をしたがります。ただし、校長講話で児童生徒が劇的に変化したという話は聞いたことがありません。もし本当に効果があるならば、今頃はすでに日本全国の校長講話が動画で無料配信されているのではないでしょうか。全校朝礼の廃止を切り出すと、校長はしょんぼりして、急に老け込むかもしれませんが、他に児童生徒と触れ合う機会を用意してあげれば、すんなりと了承してくれるはずです。

プラン⑭　読書感想文を廃止し、コンクールは希望者のみ参加とする

読書感想文で、本が嫌いになった人も多いはずです。2018年のPISAでは、日本は15位まで下落したのですから、読書離れが加速するような行事は、すぐにでも廃止したほうが良いでしょう。また、読書感想文コンクールも希望する児童生徒のみで十分ですし、課題図書もわざわざ新規購入する必要はありません。無理やり読書させたいというのであれば、「好きな本を１冊読んで、その本が売れるようなサブタイトルを考えてください。文字制限は20文字です」という課題でも十分です。なお、読書感想文の添削をするよりも、教員自身の読書量を増やしたほうが、児童生徒の利益に繋がるはずです。

	参加国・地域	読解力	数学的リテラシー	科学的リテラシー
2015年	72	8位	5位	2位
2018年	79	15位	6位	5位

プラン⑮　図書室の貸し出し冊数を競う行事を廃止する

学校によっては、クラスごとに図書室の貸し出し冊数を競わせることもあります。さらにひどい学校では、「あなたのクラスの貸し出し冊数が少ないのは、教員としての力量が低いからです」と、人事評価と直結させることもあります。そもそも、「面白そうとだ思った本が、最も良い本」なのですから、「現代文の『山椒魚』を勉強中のあなたへ！　井伏鱒二のフェアを開催中！」というように、生徒が興味をもつような演出を考えてはいかがでしょうか。

プラン⑯　朝学習を廃止する

生徒を朝早く登校させて、生徒全員に同じ課題をやらせる学校があります。場合によっては、高校生に対して、「５分間で、小説の文章を原稿用紙に書き写す」という無意味な課題まであります。生徒全員のレベルに合わせた課題であるため、トップクラスの生徒は学力アップが期待できず、

向上心を下げてしまいます。企業であれば、エース級の活躍をする社員に対して、「正しい名刺交換の方法」という研修に強制参加させるようなものです。

プラン⑰　宿題は配布するだけとして、提出やマルつけを強制しない

宿題の難易度は、生徒全員のレベルに合わせています。トップクラスの生徒にとっては、物足りない内容で、逆に、学力が追い付かない生徒には大きな負担となります。また、教員側にとっても、印刷・回収・点検のために膨大な作業量が必要です。なお、小学校の宿題については、「ウチの子は塾で忙しいのだから、余計な宿題を増やさないで下さい」とか、「もっと宿題を出してくれないと、ウチの子が全く勉強しないんです」という真逆のクレームが押し寄せます。全員を満足させるのは不可能と割り切り、「宿題と解答を同時に渡し、提出は義務付けない」という折衷案をお勧めします。こうすれば、宿題をやるかどうかは本人と家庭の問題なのですから、保護者からのクレームは軽減されるはずです。

プラン⑱　勤務時間以外の進学講習をすべて廃止する

進学校では、平日の早朝・夜遅く・土曜日など、本来の勤務時間以外に講習が設定されていることがあります。教員の名前入りの実施要項が職員会議で決済されているのであれば、「名指しで時間外労働を職務命令した」という可能性が高くなります。PTAから講習費用が支払われているのなら話は別ですが、時間外労働を強制しているのであれば、25%増しの残業代を請求されても仕方がない状況です。なお、多くの教員は、過重労働のせいで教材研究の時間を確保できない状況です。ボロボロに刃こぼれした斧で木を切るよりも、立ち止まって刃を研いだほうが、よほど効率的ではないでしょうか。

プラン⑲　学校祭は、授業カウントが終わったら、それ以降は自由参加とする

学校祭も正規の授業なので、６時間目以降のイベントについては、生徒を拘束する法的根拠はありません。例えば、暗くなってから実施される「花火大会」や「ファイアーストーム」などは、学校側には実施する義務はありませんし、生徒にも参加する義務はありません。逆に、生徒全員をイベントに参加させたいのであれば、授業カウントにする必要があります。

プラン⑳　学校祭の準備は、授業時間内ですべて終わらせる

学校祭の模擬店やダンスパフォーマンスの準備時間も、正規の授業としてカウントされます。一般的には、学校祭前１週間は、普通の授業は午前だけにして、午後からを準備時間とするのが通例です。ただし、実際には、用意された準備時間で収まるはずもなく、「お祭りだから、いいんじゃない？」という軽い理由で、教員や生徒に過度な負担を強いています。お互いに、もう少し頭を冷やして、夜遅くまで残らないような工夫が必要ではないでしょうか。

プラン㉑　学校祭での順位付けを廃止して、「炎上祭り」を防止する

学校祭の最後には、クラスを順位付けするという風習があります。このとき、「あのクラスはズルをした」とか「審査をする教員にワイロを贈った」という誹謗中傷が飛び交い、担任が火消し役に奔走します。最悪の場合には、保護者から順位についてのクレームが入ります。もはや、「優勝者が必ず不幸になる炎上祭り」です。楽しい思い出と、誹謗中傷の嫌な思い出をワンセットにする必要はありません。全員が「学校祭は楽しかったね」で終わっても良いのではないでしょうか。

プラン㉒　合唱コンクールの順位付けを廃止し、授業以外の全体練習を禁止する

発表会も練習時間も、正規の授業として確保されていますが、順位付けをする学校では、雲行きが怪しくなります。意識高い系の生徒が、「朝早く集まって、みんなで練習しよう！」と余計なことを言い出し、多くの生徒がウンザリします。最悪の場合には、「○○さんが歌っていません！」などと、全員の前で吊るし上げられる始末です。そもそも、不登校の傾向がある生徒にとっては、全員と息を合わせることを要求されるのですから、しんどい時間を過ごすことになります。順位付けを廃止し、「今年は○○のクラスが良かったね」という感じで、丸く収めてはいかがでしょう。また、「合唱の練習は授業内だけに限定し、自主練習は認めません」とクギを刺しておけば、生徒同士のトラブルも抑止できるはずです。

プラン㉓　体育祭と球技大会は、１年ごとに交互に実施する。夏は避けて秋に実施する

体育祭も球技大会も、わざわざ毎年１回ずつ実施する必要はありません。例えば、「今年は体育祭だったから、来年は球技大会で、その次はまた体育祭」というルーティンで回すだけで十分です。また、毎年のように全ての競技内容を変更するのではなく、変更する球技は１つだけと決めておけば、準備時間の短縮に繋がります。さらに、これらの運動系の行事を、わざわざ真夏の猛暑日に実施して、熱中症で救急車を呼ぶという事件が多発しています。保護者から、「暑さを予見できたのではないか」と糾弾されたら反論できません。秋の涼しい時期に実施したほうが賢明です。

プラン㉔　黒板の赤チョークは廃止する。漢字のフリガナは下に書く

教員の業務削減には関係ありませんが、生徒の理解度のために提案させていただきます。日本では、男性の５％（20人に１人）、女性の0.2％（500人に１人）という割合で、色の区別が苦手な人がいます。個人差がありま

すが、緑色の黒板に赤色の文字という組み合わせは、最悪のパターンの１つです。大事な部分を強調したいのであれば、「テストに出ます・そこそこ大事かな・覚えておいて損はないよ」というように、アンダーラインで工夫することをお勧めします。また、黒板で横書きする教科では、漢字のフリガナは漢字の下に書くことをお勧めします。人間の視点は上から下に移動します。そのため、通常とは逆の下側にフリガナを書くと、「漢字→フリガナ」という順番になり、ほんの一瞬だけ、「この漢字の読み方は何？」という漢字の読み方の訓練になります。この技術は、日本語が苦手な生徒の多い地域で行われています。効果のほどは不明ですが、単純な変更で済むのですから、ぜひ試してみてください。

プラン㉕　皆勤賞と精勤賞を廃止する

何をもって皆勤賞とするのかは学校によってバラバラです。例えば、「登校したけれども体調が悪くなって１時間目だけは保健室にいた」という場合、皆勤賞を取り消すかどうかは学校の判断です。また、精勤賞という概念も存在し、「１年間の欠席が３日以下」というように、学校独自の基準が設定されています。世界中の学校に皆勤賞という概念があるようですが、もはや世界規模で廃止に向かっています。風邪などで休むことは、社会人でも普通に起こりうることですし、むしろ「休むことの大切さ」を学ぶべきなのは、教員のほうではないでしょうか。

プラン㉖　頭髪指導の地毛申請書を廃止する

いまだに「生まれつき茶色」とか「天然パーマ」といった「地毛申請書」を提出させている学校があります。これは、「黒髪の直毛」を前提としていて、様々なルーツをもつ生徒や、髪の毛にコンプレックスを持っている生徒への配慮が欠けています。愛知県教育委員会は、「頭髪に関する校則は合理的な範囲で定められていると考えているが地毛の届け出の内容や運用が人権に配慮したものとなるよう見直しを指導して参ります」という英断をしています。なお、保護者や地域住民から「お宅の生徒の髪が茶色いのですが、どのような指導をしているのですか！」というクレームが来ても、「人権上の配慮から、黒の直毛を前提とした頭髪指導はしていません」と毅然として対応しましょう。皮肉な話ですが、頭髪指導の担当は「生徒指導部」ですが、生徒に対して人権教育を行うのも同じ「生徒指導部」です。

プラン㉗　頭髪の染色をOKとする

まともな教員は、「髪を染めると不良になる」という古臭い迷信を、本気で信じているわけではありません。ただし、保護者や地域住民からのクレームがあまりにも多いので、教員も「面倒くさいなぁ…」と思いながら、仕方がなく頭髪指導をしているだけです。「髪を染めてはいけない」という校則を撤廃するだけで、このようなクレームからは全て解放されますし、生徒も教員もお互いにイヤな思いをしなくて済みます。結局のところ、「学生とは、○○のようにあるべき」という世間の思い込みが原因でしょう。また、染色した生徒が登校したということは、保護者が染色に対してOKを出したということです。保護者がOKならば、もはや学校として何も言うことはありません。

プラン㉘　授業のノートは、ルーズリーフを認める

生徒の負担を軽くするための提案です。ルーズリーフを認めずに、昔ながらのノートを指定する学校があります。特に小学校ではその傾向が強く、毎日6冊のノートを持ち運ぶ必要があり、ランドセルが重くなる一因となります。ルーズリーフはノートより軽くて済むのですから、生徒の背骨が曲がる前に、ルーズリーフを解禁にしても良いのではないでしょうか。

プラン㉙　小学校のランドセルと、学校指定の通学カバンを廃止する

小学生のランドセルは、文科省・教育委員会・小学校が指定したものではありません。軽いものでも1kg弱の重量があり、教科書・ノート・文

房具・プリント類などを含めると、かなりの重量です。価格も高額で、ビジネスパーソン用のリュックサックは１万円を切るのに、ランドセルは４万円〜６万円が売れ筋です。数千円のリュックサックを、体の発育状況に合わせて買い替えれば、体への負担が減りますし費用負担も安く済みます。また、通学カバンを指定する中学校・高校もあります。頑丈に仕上げているため、かなりの重量です。また、３年間しか使わないのに、なかなか強気な価格設定です。背負えるタイプならまだマシですが、肩掛けタイプは全重量が片側に集中してしまい、生徒は体が傾いたまま通学します。指定しないと高価なブランド物を持ってくるという懸念がありますが、保護者に対して、「安物のリュックサックで充分です。ブランド物を紛失しても責任を持てません」と周知すれば良いだけの話です。

プラン㉚　「置き勉」を認める

2018年９月に、文科省は各自治体の教育委員会に対して、荷物の重量に配慮するよう求める通知を出しました。すでに一部の学校では、教科書を学校に置いて帰る「置き勉」を認めています。紛失すると厄介なので、カギ付きの個人ロッカーがあることが大前提でしょう。ただし、「音楽の教科書やリコーダーは、空き教室で保管する。夏休みも持ち帰らなくて良い」などの工夫は、ロッカーなしでも実現可能です。また、児童生徒ではなく、卒業式などで来校した保護者に持ち帰ってもらうのも、１つの方法です。もし可能であれば、小学校の「アサガオの植木鉢は、学校に寄付してもらい、次年度以降に使いまわす」こともご検討ください。

プラン㉛　教育目標や校訓は、下手に変えないほうが良い

校長が「自分の色を出したい」という心情は理解できますが、教育目標や校訓を変えても学校が劇的に変わるわけではありません。学校によっては、教育目標や校訓を、木彫りのレリーフにして飾っていますが、その新しい教育目標や校訓は、レリーフをまるごと変えるだけの価値はあるでしょうか。校長が２〜３年で異動するたびに変更していては、現場がさら

に疲弊してしまいます。

プラン㉜　全員模試を廃止する

業者の模擬試験を、生徒全員で実施する学校があります。このとき、全員模試は平日に行い、それを各教科の授業カウントにするのが通例です。もちろん、生徒全員が大学進学を前提としている進学校ならば、この全員模試は必要でしょう。ただし、就職希望者が何割かいるのであれば、わざわざ全員に強制させる必要はなく、希望者のみ土日に受験させれば良いだけの話です。

プラン㉝　新入生とその保護者に、「どうしてウチの高校を選んだの？」というアンケートを実施する

企業にとって、自分たちの提供する商品やサービスの売れ行きは、経営に直結する死活問題です。そのため、売り上げやデータの分析などで、常に業務の精選を行っています。ただし、教員は、「生徒や保護者から求められているのは何か」という観点からの業務改善を行いません。いわゆる「殿様商売」です。自分たちの進むべき方向性を見誤った学校は、受検生から見放され、学級削減になったり、廃校に追い込まれたりしました。ただし、新入生と保護者に対して、「どうしてウチの学校を選んでくれたのですか？」という簡単なアンケートを実施するだけで、進むべき方向性は見えてくるはずです。誰にも必要とされないことが数値で示された業務は、この際バッサリと削ってしまいましょう。

プラン㉞　標準授業時数を大幅に超えない教育課程とし、7時間目授業を廃止する

小中高どの校種でも、毎日6時間をこなせば、標準授業時数を大きく超えるはずです。年度末が近くなれば、各教科の標準授業時数が完了するタイミングを把握できるのですから、「2月以降は、6時間目をカット」としても、何も問題ありません。また、インフルエンザなどで学校閉鎖が

あったとしても、「不測の事態ならばOKですよ」という文科省の通知が来ているはずです。

> （２）標準授業時数を踏まえて教育課程を編成したものの災害や流行性疾患による学級閉鎖等の不測の事態により当該授業時数を下回った場合，下回ったことのみをもって学校教育法施行規則に反するとされるものではなく，災害や流行性疾患による学級閉鎖等の不測の事態に備えることのみを過剰に意識して標準授業時数を大幅に上回って教育課程を編成する必要はない。
>
> 出典：30文科初第1797号　平成31年３月29日
> 平成30年度公立小・中学校等における教育課程の編成・実施状況調査の結果及び平成31年度以降の教育課程の編成・実施について　（下線は筆者）

同様のことは、中教審も指摘しています。特に高校の教科担任は、１単位35時間で、学習内容を全て教え切るのが本業です。学年末考査と返却をした後は、いわゆる消化試合なのですから、「３月以降は午前授業にします」としても、何も問題はありません。

> ○ 学習指導要領等を基準として編成された教育課程に基づく学習指導は，教師の本来業務であるが，教育課程の編成・実施に当たっても教師の働き方改革に配慮することが必要である。具体的には，標準授業時数をどの程度上回って教育課程を編成するかについては，「児童や地域の実態を十分に考慮して，児童の負担過重にならない限度で」，校長や各学校の設置者の判断に委ねられているものの，指導体制を整えないまま標準授業時数を大きく上回った授業時数を実施することは教師の負担増加に直結するものであることから，このような教育課程の編成・実施は行うべきではない。
>
> 出典：新しい時代の教育に向けた持続可能な学校指導・運営体制の構築のための学校における働き方改革に関する総合的な方策について（答申）（下線は筆者）
> 平成31年１月25日　中央教育審議会

さらに、高校では、７時間目を実施する進学校もかなりあります。この背景には、「たくさん授業をすれば、それだけ生徒の成績が上がるだろう」というシンプルな発想があるようです。これは、最初から科目を絞っている受験生や、卒業さえできればよいという就職組にとっては、実に迷惑な話です。

プラン㉟　AED講習を廃止する

消防署の方々が、AEDの講習を実施してくれます。運動部の顧問にとっては、最重要業務の1つです。ただ、学校にAEDの設置を義務付ける法律や条例は存在しませんし、AED講習を義務付ける法令や条例もありません。AEDで救われる命があることは間違いありませんが、義務ではない業務に忙殺されて、多くの教員が過労死で命を落としていることも事実です。他に削るべき業務がないのであれば、AED講習を廃止するのは1つの方法だと考えざるを得ません。ただし、このAED講習の廃止は、本当に最後の最後だと思ってください。

プラン㊱　宿泊研修を廃止する

宿泊研修とは、「プチ修学旅行」のことです。「青少年の家」というような地域の宿泊施設に何泊かして、さまざまな体験活動を行います。普通の修学旅行のように旅行代理店にお任せできないので、最初から最後まで学校側が仕切ります。具体的には、宿泊施設との日程調整・シオリの作成・アレルギーへの配慮・生徒の班分け・緊急時の保護者連絡など、準備には膨大な労働力が奪われます。生徒にも教員にも負担が大きいため、近年では見直し・廃止が進んでいます。北海道教育委員会の「働き方改革通信第10弾」では、全日制の高校の約24%が見直しや廃止を行っているというデータが示されています。「福井テレビ開局50周年記念番組 聖職のゆくえ～働き方改革元年～」という秀逸なドキュメンタリー番組がありました。この番組は、日本民間放送連盟賞テレビ報道部門で「最優秀賞」を受賞し、2019年日本民間放送連盟賞のテレビ部門全体においても「準グランプリ」を受賞しています。この番組の中でも、中学2年生の宿泊研修を実施するかどうかを長時間かけて議論した挙句、「教育的意義を再確認しただけだった」という壮絶なシーンがありました。これも、「白か黒か」という二者択一の発想だけで、順位付けの発想がなかったことが原因でしょう。

プラン㊲　給食の「完食ハラスメント」を廃止する

完食ハラスメントとは、「給食を残さず食べ切るよう強制すること」です。2017年には児童が嘔吐するまで完食を強要した事例もあり、いまだに教育現場に根強く残っている児童虐待です。学校によっては、「残飯を減らそう週間」を設定してクラスごとで競わせたり、「残食ゼロを〇〇日連続達成しました！」という内容をHPに掲載したりしています。「食べ物を粗末にしないように」という美徳は理解できますが、「全員に完食を強制する」ではなく、「無理はしなくて良いけれども、少しだけでも、食べてみませんか？　だんだんと美味しくなりますよ」くらいに留めておいて、もう一度「楽しい給食」を取り戻してはいかがでしょうか。残食問題は以下のような複数の原因があり、「残さず食べなさい！」だけでは解決しません。

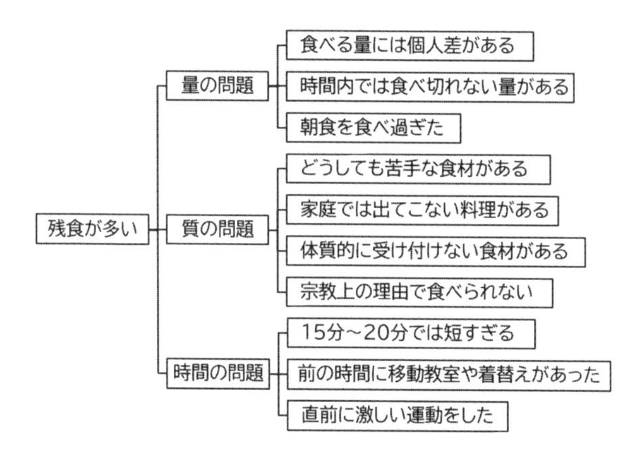

プラン㊳　持久走大会を廃止する

持久走大会については、さまざまな形態があります。学校の敷地の外周を走らせたり、自治体の市民マラソンに参加したり、42.195km離れた山の中に生徒を放り出したりする学校もあります。特に学校から離れる場合は、道路の安全確保や離脱者の救護など、教員に多くの負担がかかります。

持久走は体育の必須行事ではないのですから、「グランド○○周」でも問題ありません。

プラン㊴ 水泳の授業を廃止する（高校限定）

水泳の授業は、高校では必須ではありません。中学校の学習指導要領には、「水泳の指導については，適切な水泳場の確保が困難な場合にはこれを扱わないことができるが，水泳の事故防止に関する心得については，必ず取り上げること。また，保健分野の応急手当との関連を図ること」という記載があり、必ずしも義務ではありません。小学校のみ必須ですが、老朽化した学校プールに見切りをつけて、公営プールで実施する学校が増えています。なお、普通のプールを満水にすると水道代は１回につき25万円ほど必要で、それをひと夏に何回か入れ替えると莫大な費用がかかります。また、屋外プールであれば、虫の死骸や落ち葉などの定期的な掃除が必要なので、教員にとっては大きな負担です。

プラン㊵ スキー授業を廃止する

スキー授業とは、大型バスを借りてゲレンデに移動し、体育の授業としてスキーを実施する行事です。生徒の技術に合わせてクラスを分割する必要があるため、体育教員だけでは手が足りず、「スキーのできる他教科の教員」が同行することもあります。スキーは危険と隣り合わせのスポーツであるため、スキー授業でこれまで多くの事故が発生しました。生徒がケガをして訴えられた場合には、「事故現場を教員が見ていたかどうか」と「ヘルメットを着用させていたかどうか」が裁判の争点となります。ただし、ゲレンデでこの２点を厳守するのは不可能に近く、完全管理には限界があります。負担と危険の大きいスキー授業は、そろそろ廃止しても良いのではないでしょうか。

プラン㊶ 運動会は、午前のみとする

小学校では、「英語」と「プログラミング」が正式教科となりました。

多くの学校では、運動会を午前中のみに限定することで、何とか時間を生み出そうとしています。日程が半分になれば、その準備時間が半分になるだけでなく、ビデオを持ち込んで順位判定にクレームをつける保護者の対応も半分になります。また、昼食が必要なくなるので、保護者が来られなかった児童生徒が担任と一緒にお弁当を食べなくて済みますし（手作りである必要はなく、コンビニ弁当でも十分ですよ）、グラウンドにピザを届けさせる保護者にウンザリしなくて済みます（全員が宅配を頼んだらどうなりますか？）。なお、小学校の学習指導要領では「運動会」という文言は存在しないため、運動会の実施義務はありません。そのため、あまりにも問題が多いのであれば、午前中のみではなく、完全廃止にするという学校も出てくるかもしれません。

プラン㊷　騎馬戦を廃止する

これまで何人もの生徒が犠牲になり、裁判で自治体側に損害賠償を命じる判決も出ているのに、全国各地の学校で騎馬戦が継続されています。その理由は、「伝統行事だから」ではありません。単純に、「教員が危険性について無知だから」です。私の以前の勤務校でも、「ぶっつけ本番で、落下防止の対応策がない」という騎馬戦がありました。事故があったら、裁判で100％負ける案件です。担当教員に「２億円の損害賠償命令が出た判決を知っていますか？」と確認したところ、「何のことですか？」という返答しかありませんでした。本書をお読みになっている教員の方々に、ぜひともご再考いただきたいことがあります。その騎馬戦は必須ですか？他の種目では駄目なのですか？　生徒の命を懸けるに値する伝統行事ですか？

プラン㊸　組体操・ピラミッド・タワー・人間起こし・トーチトワリングを廃止する

これらの危険な見世物を、正規の授業として生徒に強制する理由が見当たりません。私も現役の教員なので、同じ教員の考えそうなことは、手に取るようにわかります。「保護者や観客が望んでいるから忖度した」というのは単なる建前です。むしろ「去年よりも見栄えの良いもの」という教員の虚栄心が原因です。「組体操・危険」などの単語でネット検索すると、「それは絶対にダメでしょ…」という異常な高さの画像が出てきます。これらの危険な見世物にも、「相手を信頼することで、集団の人間関係づくりに役立つのではないか…」という教育的意義を見出してしまう御仁が多いことも承知していますが、その危険な見世物は、本当に「生徒のため」なのでしょうか。生徒の命を危険にさらすようなバカげた見世物は、もう今年で終わりにしませんか？

第6章 外部組織が関わる業務削減プラン39

この章の削減プランは、外部組織が関わっているため、学校だけでは実行できません。多少の反発は予想されるでしょうが、「絶対に理解してもらえるはずがない」と決めつけずに、時間をかけて丁寧に学校の窮状を訴えてはいかがでしょうか。

プラン❶ 学校全体で減らすべき業務量を計算し、学校評議員・保護者・生徒に正直に告白する

教員のサービス残業が年360時間以内、月45時間以内に制限されました。北海道実態調査を参考にすれば、学校全体で減らすべき業務量が試算できます。なお、土日の部活動指導は入っていませんので、部活動が盛んな学校では、さらに多くの業務を減らさなければなりません。

1年間で削減する業務	小学校	中学校	高校	
教員1人当たり	282時間	658時間	452時間	⑤
教員30人の学校全体で（⑤×30）	8,460時間	19,740時間	13,560時間	⑥

この事実を、学校評議員・保護者・生徒に対して、できるだけ早く、正直に告白しましょう。この理不尽な状況を理解してもらわないと、「どうして去年までOKだったのに、急にダメになったんですか？」という学校不信を引き起こします。「良くない情報ほど、できるだけ早く周知するべし」と腹をくくるのは、企業にとっても学校にとっても、重要な生き残り戦略の１つです。

プラン❷ 学校の勤務時間を地域や保護者に周知し、それ以外は留守電に任せる

教員は正規の勤務時間が決まっていますが、その事実をきちんと周知し

てきませんでした。そのため、保護者や地域からは「24時間営業なんですよね？」と勘違いされ、多くの無理難題を要求されてきました。まずは、学校HPや入学時の案内などで、正規の勤務時間を周知するところから始めましょう。また、中教審の答申でも、留守電の導入が推奨されていますので、導入を検討してみてはいかかでしょうか。留守電の機種によっては、「…緊急の場合は、このままお待ちください」などの追加設定ができますので、これらの機能を上手に利用することをお勧めします。なお、勤務時間内であれば、電話は事務室で受け取ってもらえるのですが、留守電がない（または設定を定時以降にしている）学校では、定時以降は職員室に直通となり、電話対応中は教員全員の集中力が完全に停止してしまいます。

プラン❸　駅や図書館への巡回は廃止する

最寄りの駅や図書館からから、「生徒のマナーが悪い」という苦情が入ります。そのたびに、生徒指導部の教員が巡回して注意します。そもそも利用者にマナー改善を促すのは、駅や図書館の管理責任者の仕事です。もちろん、朝のSHRなどで担任から「公共の場で人様に迷惑をかけるな！迷惑をかけるなら利用するな！」という全体への指導は必要ですが、学校の敷地外に教員が出向くのは筋違いです。

プラン❹　コンビニやスーパーからの苦情には対応しない

コンビニやスーパーからも苦情が入ります。これも、「他のお客様のご迷惑になりますので、お静かに願います」という注意するのは、その店舗の経営者の責任です。民法には「契約自由の原則」という概念があり、経営者は顧客を選ぶことができます。つまり、注意をしても改善が見られない場合には、「あなたはウチの店のお客様ではありません。お引き取りください」というように、出入り禁止にすることが許されています。経営者からは、「そんなことをして店の評判が下がったら…」という困惑の声が聞こえてきそうですが、それらのリスクをすべて承知して経営者になったのではないでしょうか。学校側は、敷地外の生徒の動向について、責任を負う立場にはありませんし、営利企業に対して公務員が肩入れすることも許されていません。

プラン❺　自転車通学へのクレーム電話には対応しない

ときどき、「マナーが守れないならば、自転車通学をさせるな！」というクレーム電話が入ります。ただし、これらは道路交通法に関係するので、警察の管轄です。警察であれば、自転車指導警告カード（自転車イエローカード）などで、適切に対処してくれるはずです。クレーマーに対してその旨を伝えて、すみやかに警察に連絡してもらいましょう。

プラン❻　万引きの通報には対応しない

万引きは「窃盗」という刑事事件です。刑事事件の管轄は警察であり、学校には全く関係ありません。ときどき、「万引きを見つけたら、学校に通報します」と張り紙をする店舗がありますが、学校に通報されても困ります。文科省の分類でも、「基本的には学校以外が担うべき業務」となっていますので、もし万引きを見つけたら、学校に連絡しないで、そのまま警察に通報してください。

プラン❼　カップルの苦情は、学校ではなく警察に通報してもらう

学校外でカップルの行動が目に余るという苦情が入ります。これも学校の敷地外のことですので、学校には責任はありません。公共の場でイチャイチャすることが、各都道府県の条例で禁止されている場合、警察が管轄することになっています。このような苦情があった場合には、「警察に通報してください」とお願いしましょう。もちろん、学校側が生徒に対して、「公共の場でイチャイチャすると警察に捕まるよ！」という事前指導は必要です。

プラン❽　お祭りのパトロールを廃止する。削減効果は10時間

地域のお祭りなどで、教員がパトロールに行くことがあります。地域に

よっては、PTAなどと一緒に、交代しながら夕方5時から夜10時まで実施します。パトロールはお祭り主催者の義務であり、学校の業務ではありません。また、少し意地悪な言い方ですが、お祭りの主催者が宗教法人だった場合には、「国公立学校の宗教的中立性」という大原則に反します。すぐに手を引いたほうが良いでしょう。【削減時間】夕方5時から夜10までパトロールを5時間×職員2名＝10時間

プラン❾　二分の一成人式を廃止する

二分の一成人式は、小学4年生（10歳）に行います。学習指導要領に記載があるはずもなく、「授業をつぶして、結婚式で披露するような泣かせる演出を行う」と解釈してください。

手紙	文末を「〜だったよ」とか「〜だったね」で統一し、「子ども感」を演出した手紙を朗読。
群読	大人が考えた文章を、児童が少しずつセリフをつなげる（授業をつぶして何度も練習）
合唱	J-POPを児童が歌う（授業をつぶして何度も練習）。お返しに保護者もJ-POP。
写真	成長記録の写真をスライドで流す。写真がない児童は、全く出番なし。

皆さんが小学4年生のときには、保護者への感謝の気持ちなんて、欠片（かけら）もなかったのではないでしょうか。また、保護者が来られない児童もいますし、保護者から虐待を受けて感謝の手紙なんか書きたくない児童もいるはずです。なお、現役の高校生に率直な感想を聞いてみると、「面倒くさいだけだった」と全員が顔をしかめます。授業を何回もつぶして、保護者を喜ばせる小芝居を続けても、百害あって一利なしです。もし、保護者がどうしても必要だと主張するのであれば、保護者自らが公民館などを借りて、学校の敷地外で実施してください。

プラン❿　創立○○周年記念行事は、廃止するか地域に任せる

創立○○周年の記念行事は、現役の生徒は全く興味がありません。この行事の目的は、昔を懐かしみたい年配者への忖度です。外側だけ豪華で誰

も読まないアルバムも無意味です。また、記念行事を授業カウントにしなければ、生徒全員に出席を強制することはできませんし、その準備にかける時間も同じく授業カウントにする必要があります。さらに、他の年にはない業務を追加するですから、スクラップ＆ビルドの原則に従い、「代わりに、○○の行事を削る」というのが、実施への最低条件です。なお、中教審の答申にあるように、地域にお任せするのも１つの方法です。

> ○ また，周年行事等，地域の記念行事の要素が大きい行事の準備は，簡素化し，教育委員会や保護者・PTA，地域等が中心となって行うようにするべきである。さらに，実施すること自体は教育上必要な行事についても，その一部について，教育的意義を超えて，地域の誇りや伝統等の理由で，教師が授業の質の向上に取り組めないほどの負担を強いられることはあってはならないことであり，地域が望むのであれば地域等が中心となって行う行事に移行すべきである。
>
> 出典：新しい時代の教育に向けた持続可能な学校指導・運営体制の構築のための学校における働き方改革に関する総合的な方策について（答申）
> 平成31年１月25日　中央教育審議会

プラン⓫　「○○プロジェクト」は、拾ってこない

「○○プロジェクト」と銘打って、教育関連の事業が実施されます。生徒が直接的に関係するプロジェクトでは、「進学校のちょっと下」という学校が選ばれます。トップクラスの進学校にとっては受験のジャマでしかありませんし、普通以下の高校であれば、プロジェクトそのものが成立しません。ただし、校長にとっては自分の業績をアピールする良い機会であり、特に実績のない教頭にも箔をつけさせることもできます。また、「必ず大成功で終わる」という暗黙の了解がありますが、ある程度のレベルを要求されるため、公務員特有の無駄な忖度が多発します。その結果、すべての教職員が疲弊して、授業は完全に手抜きとなります。誰も得をしないのですから、仮に、「教員の働き方改革 推進プロジェクト」があったとしても、下手な色気を出さないほうが良いでしょう。

プラン⑫　就職実績のない企業や、アポなし企業の求人票は、事務室で受け取る

高校生の求人は、ハローワークを通すため、企業の担当者が来校する必要はありません。それでも求人票を持参した企業に対しては、進路指導部の教員が誠意をもって対応するのが道理です。ただし、生徒の就職実績がゼロの企業や、何の連絡もなく突然来校する企業については、事務室にお任せしましょう。1件当たりわずか20分程度ですが、教員の労働時間も有限なのですから、致し方ありません。

プラン⑬　ボランティア活動は、各団体と生徒に任せ、学校側は関与しない

学校には、多くの地域ボランティアから案内が来ます。場合によっては、参加者の名簿作成や、保護者のハンコを押した承諾書を要求する団体もあります。協力するのは案内ポスターの掲示くらいにしておいて、それ以外のことは、各団体にお任せしましょう。また、学校よっては「進学や就職で有利になるから」という理由で、生徒全員に「学校周辺のゴミ拾い」などのボランティアを強制することもあります。ただし、調査書に強制ボランティアを記載しても、面接官は簡単に見抜いてしまうので、何の自己PRにもなりません。逆に、面接官から「このボランティアって何ですか？」と質問されると、わずか10分～20という貴重な面接時間の一部を無駄にすることになります。もはや、強制ボランティアを調査書に記載しないのが、教員の常識かと思われます。

プラン⑭　教職員互助会のレクリエーションは廃止する

教職員互助会という組織があります。公立学校の多くの教職員は、ほぼ自動的に会員になっているはずです。この組織の事業の1つとして、近隣の学校同士のレクリエーションが毎年実施されます。1時間程度のバレーボール大会が定番です。ただし、わずか1時間のレクに対して、日程の調整・担当者の打ち合わせ・会場の確保・保険の加入・賞品の買い出しなど、

膨大な労働力が奪われます。また、バレーボール大会でアキレス腱を切り、授業に穴をあけてしまうのも、お約束の１つです。そろそろレクを廃止しにして、「レクをするため」という名目で商品券を配布するだけでも問題ないでしょう。

プラン⑮　外線電話をすべて録音する

企業に電話をかけると、「サービス向上のために録音させていただきます」という音声ガイダンスが流れることは、もはや珍しくありません。外線電話をすべて録音しておけば、お互いの「言った・言わない」という不毛な水掛け論を未然に防ぐことができます。また、通話がすべて録音されるという事実が、クレーマーに対して大きな抑止力になります。教員の疲弊を避けるためにも、すべて録音できる低予算のシステムを導入してはどうでしょうか。

プラン⑯　匿名のクレーム電話には対応しない

学校へのクレーム電話の大部分は、匿名で行われます。学校として正式に謝罪や回答をしたくても、相手が誰なのかわからないのであればお手上げです。匿名クレーマーに対する代表的な防衛策として、「担当者が不在ですので、折り返しお電話いたします。お名前とお電話番号をお伺いしてよろしいでしょうか？」とか、「お問い合わせをいただく際には、お名前とお電話番号ご確認させていただいております」などが考えられます。この２つだけで、匿名クレーマーの大部分はすぐに電話を切るはずです。

プラン⑰　クレーム電話に対する対応マニュアルを準備して、自治体ごとに共有する

多くの企業では、クレーム対応専門の部署が用意されていて、さらに対応マニュアルも完備されています。ただし、公立学校ではそれぞれの教員が独自の方法でクレーム処理を行っているので、「このようなクレームに対してはこのように対処する」という方法論が確立していません。そのた

め、たまたま外線を受けた教員が、最悪の対応をしてしまい、話をこじらせてしまうケースもあります。この背景にあるのは、「クレームがあること自体が学校の失態」と考える謎の組織文化です。世の中には、話の通じない大人もいるのですから、自治体ごとに対応マニュアル準備して、それを共有することをお勧めします。

プラン⑱ 悪質なクレーマーは、威力業務妨害として警察に通報する

企業には周知の事実ですが、多くの匿名クレーマーは、社会全体に対して何らかの不満があり、そのはけ口を求めているだけなので、一般常識が全く通じない場合があります。また、クレームそのものを目的としている場合もあるので、こちらが誠意ある対応をしても、話がかみ合いません。このようなときには、「こちら側の説明責任は果たしました。これ以上は、威力業務妨害と判断させていただきます。警察に通報しますが構いませんか？」と確認しましょう。それでもクレームが終わらなければ、そのまま警察に通報してください。学校も企業でも、労働時間は無限でありません。限られた労働時間の中で業務を行うのですから、悪質なクレーマーへの対応は時間の無駄です。なお、市役所への悪質なクレーマーに対して、「業務妨害だ」と認めた裁判例もあります。

プラン⑲ 教育委員会事務局の電話は、定時以降は受け付けない

緊急でも何でもない用件で、教育委員会事務局から定時以降に電話がかかってきます。保護者や地域の方々からの電話ならば話は別ですが、ブラックな労働環境を事務局の職員が知らないはずはありません。「この電話を取り次ぐと、相手に時間外勤務を要求することになります。超勤４項目以外であれば、明日またおかけ直しください」と返答し、そのまま受話器を置きましょう。なお、文部科学事務次官から、各自治体の教育委員会教育長宛に、以下のような通知が出されていますが、事務局では軽んじられているようです。

④非常災害の場合や児童生徒等の指導に関し緊急の必要性がある場合を除き、教師が保護者や外部からの問合せ等への対応を理由に時間外勤務をすることのないよう、緊急時の連絡に支障が生じないように教育委員会事務局等への連絡方法を確保した上で、留守番電話の設置やメールによる連絡対応等の体制整備に向けた方策を講ずること。

出典：30文科初第1497号　平成31年３月18日
学校における働き方改革に関する取組の徹底について（通知）

プラン⑳　来校した教育委員会事務局の挨拶は、遠慮してもらう。削減効果は３時間

いろいろな理由で、教育委員会事務局の職員が来校します。そのときに、全職員が集まり顔合わせをするという謎の風習があります。その内容は、「○○教育委員会事務局の○○と申します。先生方におかれましては、日ごろの教育活動に熱心に取り組んでおられ…」という形式的な挨拶です。時間は６分程度ですが、確実に全職員の時間を奪います。このとき事務局の職員に対して、「どうしますか？　全職員を集めて挨拶しますか？　最近は、働き方改革とやらで、分単位で仕事を削らなければならないのですが…」などと水を向ければ、先方も遠慮してくれるはずです。お互いにwin-winの提案ではないでしょうか。【削減時間】挨拶６分×職員30名＝180分＝３時間

プラン㉑　家庭訪問を廃止して、学校での保護者面談に切り替える

家庭訪問は、世界的にも珍しい日本独自の文化のようです。その目的は２つあります。１つ目は、緊急時に備えて住所を確認することですが、スマホの地図検索だけで済みます。２つ目は、家庭環境を観察することですが、これも余計なお世話でしょう。保護者も掃除が大変ですし、担任も１日に何件も訪問するのは重労働です。この昔懐かしい風習も、学校での保護者面談に変更されつつあります。なお、担任がお茶とお菓子に手を付け

ないのには3つの理由があります。1つ目は、ご家庭のトイレを拝借したくないという現実的な問題です。2つ目は、ある家庭のお菓子を食べたら、他の家庭で断るわけにいかないという義理人情の問題です。3つ目は、保護者からの利益供与になるのではという崇高な倫理観です。お茶とお菓子を盛大に飲み食いする担任は、ハズレだと解釈して良いでしょう。

プラン㉒　学級通信・学年通信は廃止する

学級通信や学年通信を読むのは、児童生徒ではなく保護者です。教員の本音としては、わざわざ通信を出して保護者にアピールをするよりも、目の前の児童生徒にもっと時間をかけたいはずです。また、「他の学級や学年は通信を出したのに、どうしてウチの担任は通信を出さないんだ！」というクレームを避けるために、全学級・全学年で足並みをそろえて廃止しましょう。

プラン㉓　紙の学校通信を廃止して、HPに掲載する。削減効果は60時間

いまだに紙媒体の学校通信を発行する学校があります。紙面の大きさという制約を受けますし、逆に空白を残すことも許されません。最悪の場合には、紙の通信を生徒に渡しても、保護者に届かないこともあります。学校のHPであれば、いくらでも情報量を増やすことができますし、写真に簡単なコメントをつけるだけなので、省力化できます。【削減時間】紙媒体の執筆と印刷に5時間×年12回＝60時間

プラン㉔　学校評価アンケートを読み込んで、次年度の改善に活かす

多くの学校では、保護者による学校評価アンケートは「やっておしまい」です。PDCAサイクルを回し、業務改善に活かそうという発想がありません。この原因は、「自分たち教員は聖職者であり、崇高な目的のために働いている」という何の根拠もないエリート意識です。企業で例える

と、「買いたければ買え、嫌なら買うな」という「殿様商売」です。学校という組織の在り方を決めるのに、顧客である生徒や保護者の生の声を活かさない手はありません。「こんな形だけのアンケートを提出しても、学校は変わらないんですよね」という皮肉を書かれるのはまだマシなほうで、最悪の場合には、知らないうちに見放されてしまいます。

プラン㉕　PTAの研修部を廃止する

PTAの研修部は、保護者と教員が参加できる研修を企画運営します。具体的には、学校内でのソバ打ち体験や、マイクロバスでの視察旅行などでしょうか。研修の参加は任意であるため、学校側で参加するのは、管理職と義理で参加した教員だけです。もちろん保護者側も、仕事や家事に忙しいため、参加するのはごく少数です。膨大な時間をかけて準備したのに、全体の参加者が１ケタで、学校側の人数のほうが多かったという笑い話も珍しくありません。PTA研修は、生徒には何の利益もないのですから、廃止しても誰も困らないでしょう。

プラン㉖　教員のAED講習を、PTA研修として実施する

もしどうしてもPTA研修をしたければ、AED講習をPTA研修として実施することをお勧めします。実際にAED講習を行うのは消防の方々なので、学校側の負担はゼロですし、PTA研修を実施したという面目が立ちます。多くの保護者にとってAEDに触れるのは、自動車運転免許の講習以来となるはずです。教員が下手な研修を企画するよりも、こちらのほうが有意義でしょう。ただし、AEDの数が課題となりますので、消防には、「何人まで受け入れ可能ですか？」と事前に確認しておきましょう。

プラン㉗　PTAの広報部を廃止する

PTAの広報部では、今でも紙媒体の広報誌を発行することが多いのではないでしょうか。記事を考えたり、写真を選んだり、全体のレイアウトを考えたりと、保護者も教員も準備に多くの時間をかけています。そもそ

もPTAの広報誌とは、「生徒の学校での様子をもっと知りたい」という保護者からの要望で生まれた企画です。発行するのは保護者で、読むのも保護者です。つまり、教員が学校HPに生徒の写真をアップするだけで、広報誌の役割を十分に果たせます。

プラン㉘ PTAによる学校祭の模擬店やバザーを廃止する

学校祭で、PTAがカレーライスなどの模擬店を出すことがあります。味のレベルは間違いなく学校祭NO.1ですが、準備に膨大な時間が必要です。同じく、学校祭のバザーなども、保護者の負担が大きい企画です。家庭で使わないものを集めるだけでも手間がかかるのに、保護者の手作り商品を売るという地獄のようなバザーもあります。保護者も忙しい時間を割いて来校したのですから、限られた時間の中で、生徒が工夫した模擬店や出し物を、もっと純粋に楽しんでいただければと思います。

プラン㉙ PTAの登校指導を廃止する

地域によってはPTAが登校指導をすることがあります。保護者も教員も「面倒くさいなぁ…」と思いながら早起きして、腕に腕章をつけて、黄色い旗を振っています。文科省の仕分けでは、登下校に関する対応は、「基本的には学校以外が担うべき業務」とされています。そもそも生徒の通学については、道路交通法が適応されるので警察の管轄です。黄色い旗を振ったところで、特別に交通ルールを守る意識が高まるということはありませんので、PTAの登校指導は廃止しても問題ないでしょう。それでも心配というのであれば、町内のボランティア組織にお願いするのも1つの方法かと思われます。

プラン㉚ PTAによるプール開放を廃止する

PTAが当番制で監視員となり、児童生徒に学校プールを開放することがあります。具体的な監視員の仕事は、暑さを我慢しながら、児童生徒が溺れないように細心の注意を払うだけでなく、万が一の時にはAEDによる心肺蘇生を行う心構えが必要です。この事業は、学校の管理下にある学校の教育活動ではなく、PTAという外部組織に、学校施設の利用を許可したという扱いです。そのため、監視員が教員のときには、わざわざ有給休暇をとって当番を引き受けています。また、事故があっても、学校側は責任をとれませんし、日本スポーツ振興センター災害給付制度も利用できません。近くに公営プールがあるのならば、そちらにお任せしましょう。

プラン㉛　PTAによる、卒業生への記念品を廃止する

学校によっては、PTAから卒業生へ記念品が贈られます。ハンコ・コサージュ・マグカップなどが定番でしょうか。ただし、これらの商品を発注するだけでも、かなりの時間を取られます。身も蓋もない話ですが、これらの商品はわざわざ卒業式でもらう必要がなく、近所のお店やネット通販で簡単に買えるものです。「そういうことじゃないんだよ。気持ちの問題でしょ」という反論は承知していますが、そんなお金があるのならば、保護者が自分で記念品を選び、各家庭で生徒にプレゼントするほうが、よほど有意義だと思います。

プラン㉜　PTAのベルマーク運動を廃止し、お金で解決する

ベルマーク教育助成財団が主催しているベルマーク運動があります。ベルマーク商品のマークを集めて財団に送ると、学校ごとに預金することができ、その預金で学校の備品（協力会社の商品）を購入することができます。PTAと学校だけに限定して簡略化すると、以下のような仕組みです。公式HPによると、小学校72％・中学校61％・高校23％が参加しています。

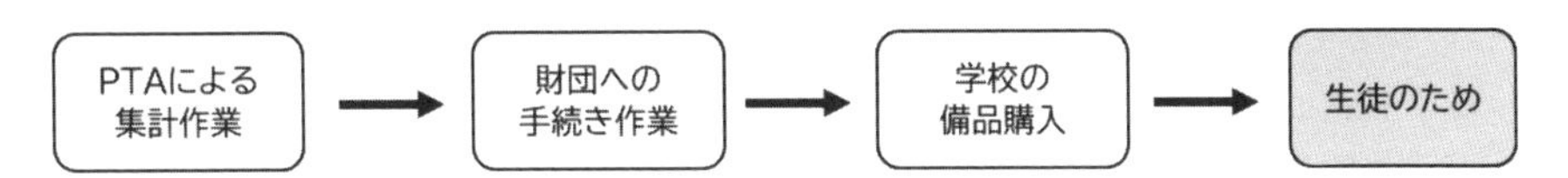

ただし、ベルマークの集計作業は非常に煩雑です。協賛会社の番号（現在は52社）ごとに仕分けて、その点数を別々に合計しなければなりません。換算レートは「１点＝１円」ですが、0.5点という商品もあるため、時給

900円のアルバイトを超えることすら至難の業です。学校としては、備品を購入していただけるのであれば、以下のように、PTA 会計を少し追加するという方法でも全く問題ありません。追加の負担は PTA 会員１名につき100円もしないのではないでしょうか。わずかな費用負担で、あの地獄のような集計作業から解放されるならば、高い買い物ではないと思いますが、いかがでしょうか。

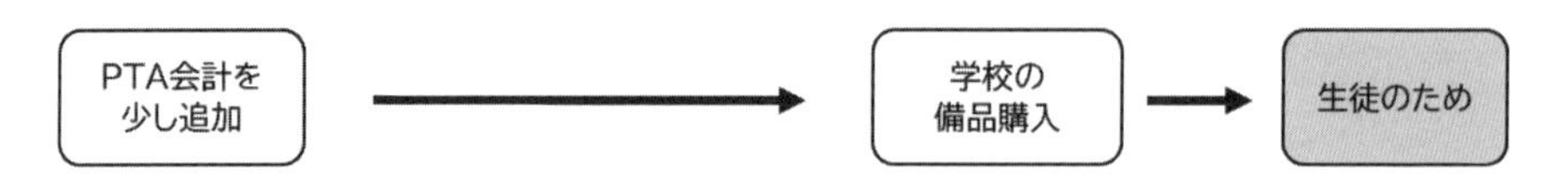

ベルマーク廃止への手順

① 毎年どのくらいの点数を集めているか確認し、それをお金として計算する（１点＝１円）。

② そのお金を PTA 会員で頭割りして、１人当たりの追加費用を計算する。

③ 納得できる金額であれば、すぐに廃止を決定する。

④ 未使用のベルマークは、現金を追加してすべて使い切る（半分まで OK）。

以上の話は、PTA と学校に限定したものですが、ベルマーク運動には、「社会貢献」という大きな役割があり、へき地学校・特別支援学校・災害被災校・海外などに備品が送られます。公教育は税金で何とかするのが原則ですが、ベルマーク運動で助かっている学校があるのも事実です。この崇高な理念が無理なく継続できるよう、新しいベルマーク運動のシステムを考えてみました。

新しいベルマーク運動（個人の感想です）

① 現在の商品パッケージにあるベルマークは、何も変えずにそのまま残す。

② 協賛企業から財団へ、「ウチは0.5点の商品を○○個販売した」と自己申告する。

③ 財団は、自己申告の点数を合計し、協賛企業の貢献度（%）として数字で示す。
④ 財団は、寄付の総額を決めて、貢献度（%）に応じて協賛企業に寄付を依頼する。
⑤ 協賛企業は、事前に申告しておいた「寄付金の上限」以内で寄付をする。

この新しいシステムは、現状を残しながら、PTAの集計作業を廃止することができます。これまでベルマーク運動には関与していなかった一般の顧客も、協賛企業の商品を購入するだけで、無理なく社会貢献に参加できます。また、これまでの協賛企業の寄付金は大きく変動していましたが、寄付金の上限を決めることができるので、より多くの企業に協賛してもらえるというメリットが生まれます。単純に、アナログすぎる集計作業が敬遠されているだけなのですから、簡単なシステム変更を実施するだけで、持続可能な社会貢献に変更することができます。

	現状のまま	新しいシステム
PTA	集計作業に時間を奪われる	集計作業は必要ない
一般の顧客	ベルマーク運動には関与せず	商品購入だけで社会貢献
協賛企業	寄付金の負担額が予測不可能	寄付金の上限を決定できる
財団	寄付金の総額が変動する	寄付金の総額を決定できる
換算レート	1点＝1円で固定	毎年変動する

プラン㉝ PTA全員が、何らかの仕事を引き受けるというシステムを廃止する

生徒のクラス委員にも、有名無実の役職があるのは暗黙の了解です。PTAも同じく、必要性の低い仕事があることは周知の事実です。また、一部のPTAには、「卒業するまでに、全員が何らかの役員を引き受けなければならない」という極悪非道のルールもあるそうです。お互いにいい歳をした大人なのですから、「軽い仕事で済ませよう」ではなく、「本当に必要な仕事だけを残そう」というほうが、よほど建設的だと思います。「役

員決めで保護者全員が下を向いてしまい、時間が過ぎ去るのを待つ」という「潜水競技」は、これでおしまいにしましょう。また、「あの保護者は、役員を引き受けていないからズルいよね～」などと陰口をたたくのもおしまいです。「ベルマーク集計系」のように、全員に行き渡るように仕事を準備するのではなく、本当に必要なものだけ残せば十分です。

プラン㉞ PTA行事はスクラップ＆ビルドを基本とし、年度ごとに廃止の是非を問う

ごくまれに「意識高い系のPTA役員が、学校を活性化させた」という美談があります。というよりも、とても珍しい話だから美談としてメディアに取り上げられたというのが真実でしょう。活性化させるのは結構なのですが、現場の教員としては、「その学校の職員も、他の保護者も、はた迷惑だっただろうな」というのが正直な感想です。「保護者がPTA役員を引き受けて過労死した」というのは、笑い話にもなりません。その防止のためにも、「新しい企画は、最低でもスクラップ＆ビルドとする。毎年すべての仕事について廃止の是非を問う」という文言を、PTA会則などに明記しておくことをお勧めします。現場の教員は、ビルド＆ビルドで無限に仕事を増やしてしまいましたが、このようなバカげた慣習を、PTAまで受け継ぐ必要はありません。

プラン㉟ 数名のPTA役員だけ残し、他の会員は「お金は払うから、好きにやってください」とする

公立学校の教育は、「教科書代以外は、原則的に無料」です。ただし、原則無料を追求すると、部活動・模擬試験・自習室の問題集など、授業以外の教育サービスはすべて廃止になります。つまり、任意加入のPTAの予算で、「教育サービスのオプション料金を支払っている」と解釈してください。さらに、究極的に教員がPTAに期待することは、「お金を出す・お金の使い方を提案する・お金の流れを監査する」という金銭がらみの3項目だけです。金銭問題だけ残し、極限までスリム化したPTAの活動内

容は、以下の７つの手順で済みます。

スリム化したPTAの活動
①予算を集める。
②保護者アンケートで、お金の使い道のアイディアを募る。
③ PTA役員が、実現可能なものをピックアップする。
④保護者アンケートで、使い道の優先順位を決める。
⑤優先順位の高いものを実行する。
⑥簡単な報告書をHPにアップして、説明責任を果たす。
⑦アイディアをストックして、次年度に活かす。

実際に活動するのは、わずか数名のPTA役員だけとなり、お金が関係しないPTAの行事もすべて廃止できます。多くの保護者も、「PTAは任意加入なのだから、私はお金を支払いません！」と波風を立てたいわけではなく、「お金は払うから、あとは好きにやってください」というのが本音でしょう。

プラン㊱　体育祭や球技大会では、保護者の参観をOKとする

PTAを極限までスリム化すると、保護者が来校する機会が減ってしまいます。その回数は入学式×１・学校祭×３・三者面談×３・卒業式×１と仮定すると、３年間で８回だけです。これではあまりにも味気ないので、来校の機会を増やす提案をさせていただきます。例えば、中学校や高校の体育祭や球技大会は、小学校と異なり、保護者が参加する学校は少ないはずです。これをルール変更して、「保護者参観はOKですが、学校側は一切おもてなしをしませんよ」とすれば、教員の負担は少なく、来校の機会を増やすことができます。具体的な教員の負担としては、玄関前に生徒名簿を置いて、「来校した保護者は、名簿にマルをつけてください」という張り紙を出すだけなので、準備に20分もかからないでしょう。もし仮に保護者からの要求が多くなり、教員側の負担が増えそうになったら「やっぱ

り元に戻します。ごめんなさい」と宣言すれば良いだけです。

プラン㊲　中学生体験入学に、在校生の保護者参観 OK とする

年に1回の中学生体験入学では、高校の教員側は面白さを前面に押し出した体験授業をします。中学生体験授業の対象は、あまくでも中学3年生ですが、在校生の保護者も参観 OK にしてはいかがでしょうか。教員側には何も不都合はありませんし、在校生の保護者にも「ウチの担任は、こんな楽しい授業をするんだね〜」と理解してもらえます。このとき、「在校生の保護者参観 OK ですが、完全に空気として扱いますよ」というルールにすれば、在校生の保護者も、「空気として扱ってくれるほうが、気を使わなくて済む」と気軽に来校してくれるのではないでしょうか。

プラン㊳　生涯学習として、学校を貸し出す

地域の公民館では、「生涯学習」としてプロ講師によるさまざまな講座が実施されています。学校であれば、空き教室はたくさん用意できますし、時間帯によっては生徒も参加できます。公民館と同様に「会場は普通教室のみ」「学校側はノータッチ」「トイレと水道と電気以外は、何も貸し出さない」「定時で終了」というルールにしておけば、学校側の負担は少なくて済みます。また、地域の方々にとっては、学校に入れる数少ないチャンスとなるので、地域貢献という面からも有益であると思われます。ただし、参加者と不法侵入者を見分けるために、「事前に参加者名簿を提出してもらう」「来訪者には名札をしてもらう」などのセキュリティ対策が必要です。

プラン㊴　学校開放事業として、学校を保護者に貸し出す

前述の提案は、公民館を貸し切りにできるプロ講師が前提です。ただし、「公民館を借りるほどではないが、有志が何人か集まって、何か楽しいイベントをしたい」という保護者もいるはずです。具体的には、パッチワーク教室や絵手紙教室などが挙げられます。どの自治体でも、学校開放事業

が推奨されていて、「営利目的ではないこと」「アマチュアであること」という簡単な条件をクリアするだけで、公立学校の施設を利用できます。また、「参加者は、在校生とその保護者に限る」という条件を追加すれば、完全に学校の身内限定のイベントとなるので、さらに実施のハードルは下がります。これらの成果物を、学校祭で展示してもらうのも面白いかもしれません。この提案は、教員の業務削減とは関係ありませんが、保護者か来校する機会を増やすことができます。学校側から保護者に提案してみてはいかがでしょうか。

部活動についての業務削減プラン24

この章の前半は、部活動の実態についての現状確認です。現役教員でも、部活動については勘違いしている部分もあるのではないでしょうか。

1．公立学校では、部顧問は完全なボランティアであり、教員は拒否できる（北海道限定）

部活動は教育課程に含まれていないので、学校に設置義務はありません。校長は教員に部顧問を業務命令できず、「お願いできますか？」という依頼の形となります。そのため、生徒指導部長が部顧問を決めたり、どちらが第1顧問なのかを曖昧にしたりという学校もあります。これも、「部顧問はボランティアなのだから、教員同士で勝手に決めていいよ」という理由でしょうか。なお、「勤務時間内であれば、部顧問を業務命令できる」と解釈する自治体もありますが、「A先生が勤務時間では終わらない業務量を抱えているのに、B先生に勤務時間内にボランティアを命じる」ことは、管理職の職責放棄です。勤務時間内に部顧問を業務命令できるのは、「全員がヒマで他にやることがなく、定時になったら全員が帰宅する」という空想上の学校だけでしょう。

2．希望調査に、「部顧問を希望しません」と記載すると、普通に受理される（北海道限定）

新年度の部顧問希望調査には、「第1希望○○部」とか、「すべて一任する」などの文言があるだけで、「部顧問を希望しない」という選択肢はありません。そのため多くの教員は、「部顧問は教員の義務である」という勘違いしてきました。希望調査の選択肢をすべて二重線で消して、「部顧問を希望しません」と記載すると、普通に受理されます。ただし、教頭と校長から「普通に」呼び出しを受けます。私の場合は、教頭と連続３時間、校長と連続１時間半という、異常に長い「話し合い」がありましたが、「部顧問を引き受けない」という結論に落ち着きました。

３．公立学校では、部顧問を拒否しても、評価は全く下がらない（北海道限定）

北海道教育委員会の担当部署に電話で確認したところ、「部活で良い成果を上げても、人事評価は上がらない。部活動の顧問を拒否しても、人事評価は下がらない」という明確な返答をいただきました。以下の資料は、北海道教育委員会が作成したものです。

問４－７　部活動指導において挙げた成果等については、判定の際に考慮することはできますか。

答　部活動指導そのものは、人事評価の対象としていないことから、部活動において挙げた成果等については、判定の際に考慮することはできません。なお、部活動において挙げた成果等とは、部活での大会における実績の他、部活内での指導や他校との連携に関わるもの等を指しています。

出典：昇給及び勤勉手当の給与決定手続きに関する手引き
令和元年11月　北海道教育職員局総務課　第９章 質疑応答４　より

そもそも北海道育委員会の評価項目の中には「部活」の概念が入っておらず、「勤務時間外のボランティアを評価の対象としない」という考えが根底にあるようです。また、部活動指導を、人事評価の「生徒指導」の項目として拡大解釈するのも、許されていないようです。なお、北海道教育委員会の方針は、以下のような文部科学省の通知と、完全に合致しています。

部活動に過度に注力してしまう教師も存在するところであり，教師の側の意識改革を行うため，採用や人事配置等においては，質の高い授業を行う能力や生徒指導に関する知見や経験等を評価し，教師の部活動の指導力は飽くまでその付随的なものとして位置づけるよう留意すること。

出典：30文科初第1497号　平成31年３月18日
学校における働き方改革に関する取組の徹底について（通知）

４．原則的に、部活動の開始時間は、部顧問の勤務時間が終わってから

地方公務員である教員の労働力（＝人件費）を、本来の職務ではない部活指導に費やすのは筋違いです。そのため、部活動の指導をするのは、本来の勤務時間が終わってからというのが原則です。ただし、部活動によっては危険を伴うものもあり、「部活動には、部顧問が立ち会う」という原則も存在しています。この２つの原則を同時に順守すると、「部活動の開始時間は、部顧問の勤務時間が終わってから」という不思議な結論が導き出されます。実際には、放課後すぐに部活動が始まる学校が多いのですから、現状とは大きくかけ離れています。

５．事故現場に立ち会っていなければ、部顧問個人が責任を問われることもある

部活動で事故があったときには、まず学校が責任を問われます。さらに、部顧問が事故発生当時に現場に立ち会っていなければ、「部顧問に大きな過失があった」と判断され、裁判ではかなり不利な立場とります。ボランティアを引き受けたのに、現場にいなかったことの責任を問われるのは、理不尽極まりない話です。このように、現在の部活動は、大きな矛盾を抱えています。

６．ボランティアの部活指導も含めて、在校等時間は年360時間以内に制限

部活動は、良くも悪くもボランティア扱いです。そのため、部顧問が希望すれば、無制限に部活動をすることができ、校長であっても制止する権限はありません。2018年（平成30年）３月に、スポーツ庁から以下のような「ガイドライン」が出されましたが、法的な根拠がなく、あくまでも目

標やスローガンのようなものです。

○ 学期中は、週当たり２日以上の休養日を設ける。（平日は少なくとも１日、土曜日及び日曜日（以下「週末」という。）は少なくとも１日以上を休養日とする。週末に大会参加等で活動した場合は、休養日を他の日に振り替える。）

○ １日の活動時間は、長くとも平日では２時間程度、学校の休業日（学期中の週末 を含む）は３時間程度とし、できるだけ短時間に、合理的でかつ効率的・効果的な 活動を行う。

出典：運動部活動の在り方に関する総合的なガイドライン　　平成30年３月　スポーツ庁より

7．サービス残業が年360時間以内とは、「部活動の全廃」と同じレベル

北海道実態調査では、勤務日と勤務不要日のサービス残業と、部活動・クラブ活動に費やしている平均時間が示されています（下表の★印の数値）。勤務日（平日＋長期休業日）を240日、勤務不要日（祝日＋振替休日）を120日と仮定して、ざっくりと試算してみました。

教員1人当たり	小学校	中学校	高校	
★勤務日のサービス残業	2時間28分	2時間48分	2時間17分	①
★勤務不要日のサービス残業	25分	2時間53分	2時間12分	②
1年間のサービス残業（①×240＋②×120）	642時間	1,018時間	812時間	③
1年間のサービス残業の上限	360時間	360時間	360時間	④
1年間で削減する業務（③－④）	282時間	658時間	452時間	⑤

教員1人当たり	小学校	中学校	高校	
★勤務日の部活動・クラブ活動	3分	44分	54分	⑥
★勤務不要日の部活動・クラブ活動	2分	2時間20分	1時間40分	⑦
1年間の指導時間（⑥×240＋⑦×120）	16時間	456時間	416時間	⑧

教員1人当たり	小学校	中学校	高校	
1年間で削減する業務	282時間	658時間	452時間	⑤
1年間の部活動・クラブ活動	16時間	456時間	416時間	⑧
差額（⑤－⑧）	266時間	202時間	36時間	⑨

この試算によると、小中高すべてにおいて、削減する業務量⑤が、部活動やクラブ活動⑧を上回っています。つまり、「部活動を全廃しても、

サービス残業を年360時間まで制限できない」という結論となります。⑨で高校の例を挙げると、部活動全廃で416時間を減らすだけでなく、他の業務をさらに36時間減らす必要があります。

8．学習指導要領での部活動に関する記述は、中学校と高校で255文字・小学校は記述なし

学習指導要領とは、文部科学省が告示する教育課程の基準です。教育に関するありとあらゆることが記載されていますが、中学校と高校の学習指導要領では、部活動の記述は１か所だけで、わずか255文字に過ぎません。以下はその全文です。また、小学校では、記述はありません。

> 教育課程外の学校教育活動と教育課程の関連が図られるように留意するものとする。特に，生徒の自主的，自発的な参加により行われる部活動については，スポーツや文化，科学等に親しませ，学習意欲の向上や責任感，連帯感の涵養等，学校教育が目指す資質・能力の育成に資するものであり，学校教育の一環として，教育課程との関連が図られるよう留意すること。その際，学校や地域の実態に応じ，地域の人々の協力，社会教育施設や社会教育関係団体等の各種団体との連携などの運営上の工夫を行い，持続可能な運営体制が整えられるようにするものとする。
>
> 出典：文部科学省 高等学校 学習指導要領（平成30年告示）
> （筆者注：中学校も全く同じ記述）

9．ほぼ半分の教員は、部活動をやりたくない

内田良 先生（名古屋大学 大学院 教育発達科学研究科・准教授）が、「中学校教職員の働き方に関する意識調査」を実施してくださいました。「あなたは来年度、部活動の顧問をしたいですか？」という直接的な質問に対して、「担当したい」が50.5％で、「担当したくない」が49.5％というデータが示されました。中学校のデータですが、この意識調査の結果は、現場の公立高校の教員にも、非常に大きな衝撃を与えました。部顧問の取り組みについて、お互いに濃淡があることは承知していましたが、まさか

「半分だけしか希望していなかった」とは完全に予想外でした。

YaHoo！ニュース　新年度　部活したくない教員５割　「学びの時間を増やしたい」
https://news.yahoo.co.jp/byline/ryouchida/20180401-00083410/

10．部顧問は、常に家庭崩壊の危機と隣り合わせ

部顧問の献身的なボランティアにより成立しています。多くの教員は、同時に「自分の家族」も巻き込んでしまいます。そのため、部顧問には、自身の過労死だけでなく、家庭を崩壊させる危険と隣り合わせです。以下は、部活動に関する、代表的な隠語です。

部活未亡人	夫が部活動に時間を奪われ、死別したのと同じ状況になった妻のこと
部活離婚	部活動に時間を奪われ、パートナーから離婚を切り出されること
部活孤児	部顧問が自分の子供を放置すること
部活未婚	部活動が忙しすぎて、結婚できない（または逃げられた）状態のこと

ときどき、部顧問に注文を付ける保護者がいますが、残念ながら、このような実情をご存じないようです。もちろん、生徒が悲しまないように、部顧問はこの事実をひた隠しにしています。

11．運動部の顧問は、４割以上がシロウトである

部活動は教育課程ではないので、大学では部活動指導についてのカリキュラム自体が存在しません。つまり、すべての教員は、どうやって部活動を指導するかという方法論が全くゼロで、手探り状態のまま部顧問を続けています。日本スポーツ協会のデータによると、運動部の４割以上の顧問は、「保健体育以外の教員で、なおかつその部活は未経験」という結果が示されました。

運動部の顧問の４割は、体育教員でもないし、そのスポーツの経験者でもありません。未経験のスポーツについて、全くのシロウトが的確なアドバイスをできるはずもなく、多くの部顧問が苦労をしています。真面目な部顧問であれば、自分で費用を負担して、用具を買いそろえたり、初心者

■ 体育×経験あり：「担当教科が保健体育」かつ「現在担当している部活動の競技経験あり」
■ 体育×経験なし：「担当教科が保健体育」かつ「現在担当している部活動の競技経験なし」
■ 体育以外×経験あり：「担当教科が保健体育でない」かつ「現在担当している部活動の競技経験あり」
■ 体育以外×経験なし：「担当教科が保健体育でない」かつ「現在担当している部活動の競技経験なし」

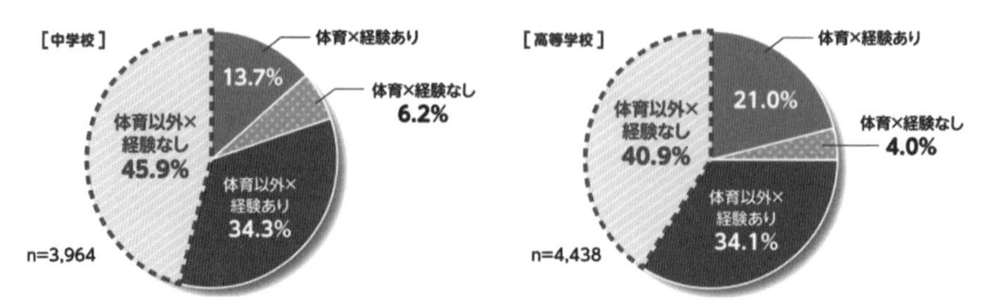

出典：公益財団法人 日本スポーツ協会 学校運動部活動指導者の実態に関する調査 概要版（平成26年7月）

用のDVDで勉強したりして、何とかレベルアップに励みます。ただし、次の異動先で全く同じ部活動を受け持つはずもなく、異動を繰り返すごとに教員は多趣味になっていきます。

12. 部活でメシは食えない

当たり前の話ですが、プロのスポーツ選手になれるのは、その道のトップクラスの人間だけです。しかも、プロとして第一線で活躍し続けることができるのは、さらに一握りの人間だけです。運動部顧問の4割がシロウトなのですから、幼少期からの特別な訓練がないのに、部活だけでプロスポーツ選手になれる確率は、限りなくゼロに近いと割り切ってください。部活でメシを食える職業は、学校の教員だけです。

13. 吹奏楽部で金賞を連発しても、プロの音楽家への道は、最初から用意されていない

吹奏楽部の強豪校が、コンクールで金賞を連発しても、あくまでも「吹奏楽部員としての金賞」です。プロの音楽家になるためには、個人レッスンを受ける必要があり、金賞をとってもスカウトされることはありません。

小学校・中学校・高校と吹奏楽部に所属し、多くの時間を費やしてきたのに、最初からプロ音楽家への道が用意されていないというのは、あまりにも残酷な気がします。吹奏楽部の部顧問は、このような現実を承知しているはずですが、金賞を目指して過酷な練習を強制しています。もはや「芸術を楽しむ」という目的から外れた、全く別次元の活動です。

14. 文武両道は、生徒も教員も実現不可能である

文武両道という言葉があります。勉強も運動も一流を目指そうという意味ですが、多くの場合、どちらも中途半端に終わります。模擬試験の成績を見ると、「部活動に入らずに勉強に専念していれば、もっと成績は上がっただろうに…」という残念な生徒が多すぎます。同じことは、５教科の教員にも当てはまり、部活動に熱心な教員ほど、教材研究に時間をかけないので、生徒の成績アップに貢献できません。また、「生徒の成績を上げる自信がないので、仕方がなく部活動を一生懸命やる」という後ろ向きな教員もいます。極めつけは、「部活動をやりたくて教員になった」というツワモノまで出てくる始末です。文武両道など、ごく一部の天才に任せておきましょう。

15. BDK が出現する危険性がある

BDK とは、「B部活　Dだけ　K教員」という意味です。新聞などで、「新しい赴任先で、弱かった部活を強くしました！」という美談が紹介されることがありますが、これらはBDK の典型かもしれません。BDK は部活動以外の業務をサボりますし、「オレが強くしてやったんだ」という自負があるため、余計に始末に困ります。本人は良いことをしたつもりでしょうが、巻き込まれる周りの生徒や教員は、たまったものではありません。また、このようなBDK の前任校は、焼け野原の状態で、復帰するまで膨大な時間と手間が必要です。さらに、自分の趣味に合った部活を新設し、その後始末をしないまま、異動先で同じことを繰り返す恐ろしいBDK も存在します。

16. 部活動の教育的意義は、年間わずか29時間未満

このような記述をすると、BDK は部活動の教育的意義を声高に叫ぶはずです。ただし、この反論をひっくり返すことは実に簡単です。「部活動をしていない生徒は、それらの教育的な要素がバッサリ欠けているのですね？」という一言だけで、完全に沈黙させることができます。もちろん、それらの教育的意義が重要であれば、「部活動」という正式な教科として格上げされ、教育課程に組み込まれているはずです。裏を返せば、部活動の教育的意義は、年間29時間（50分×35週＝年間1,750分）よりも低いということです。部活で学べることは、部活以外でも十分に学ぶことができますし、「部活動でしか学べないこと」など、この世に存在しません。

17. 究極的には、部活動は教員の趣味である

教員も人間なので、面白い部活動と、そうでもない部活動では、取り組み方に差が出てしまいます。突き詰めて考えると、部活動は「教員の趣味」でしかありません。最近では、ネット経由で他校と対戦型ゲームをする「ｅスポーツ」が増えています。高校生の全国大会も実施されていて、オリンピックの正式種目になる可能性さえあります。既存のスポーツや芸術の部活動を認めて、対戦型ゲームの部活動を認めないというのであれば、それはまさに教員の趣味でしかありません。結局のところ、自分の趣味に「部活動の教育的意義」を後付けしているに過ぎません。

18. 校長・教頭・養護教諭・実習助手が、部顧問になることもある

校長は、生徒と触れ合う機会はゼロとなるので、むしろ積極的に部顧問を買って出ることも珍しくありません。教頭は、最も過酷なポストですが、体にムチ打って部顧問を引き受けることもあります。養護教諭（保健室の先生）が部顧問に駆り出される学校では、保健室に誰も常駐しない空白の時間が生まれます。授業補助をする実習助手は、教員免許がありませんが、部顧問を引き受けることがあります。ただし、３月に高校を卒業してからすぐに実習助手として採用されると、ついこの間まで高校生だった未成年

者が、いきなり部顧問として重い責任を負わされます。ここまで来ると、もはや何でもアリの世界ですが、このような混沌とした世界が許されるのも、「部活動の顧問はボランティアである」という一言に尽きます。

19. 高校を卒業したら、生徒は部活動も卒業する

ほとんどの高校生は、進学先の大学や専門学校に同じ部活動があっても、スッパリと足を洗います。この傾向は、大学の面接で「高校生活で一生懸命に頑張ったことは、部活動です！」と言い切る生徒であっても同じです。また、よほど酷い目に合わされたのでしょうか、中学校で部活を続けてきた生徒が、高校入学と同時に部活を辞めてしまうこともあります。

20. 部活が就職に有利という時代は、すでに終了

過去の就職面接では、「運動部出身だから、最後までやり遂げる粘り強さがあるよね」という時代があったようです。ただし、このような古臭い価値観はすでに崩壊しました。むしろ「自分の頭で考えて行動できないよね」とか、「学生の本業が何かを見極める能力がなかったんですよね」という、真逆の解釈がされることもあります。AI には不可能な働き方を要求される時代に、「一生懸命に、部活動を頑張りました！」という自己PR は、いくら何でも弱すぎるのではないでしょうか。

21. 土日の部活動手当は、最低賃金を割ることもある

部活動は教育課程外で、「生徒の自主的、自発的な参加」により行われます。そのため、原則として税金は使われず、PTA・生徒会費・生徒の部費などから支払われます。ただし、土日の指導に限り、特殊勤務手当（部活動手当）が支給されます。自治体で異なりますが、交通費込みで３時間2,700円（または４時間3,600円）が相場です。単純計算で時給900円なので、最低賃金より少しマシという程度です。ただし、規定時間未満であれば全く支給されませんし、規定時間以上でも支給額は増えません。そのため、丸１日かかる練習試合では、最低賃金を下回ります。もちろん、この

部活動手当は土日限定であるため、平日は完全にサービス残業です。

22. 部活動は世界的には珍しいシステムで、最終的には消えてなくなる

世界の中で、学校中心の部活動があるのは、アジアの5カ国程度でしょうか。つまり日本という国は、「公教育にOECD平均とほぼ同額のお金しか出さないのに、OECDの中で最も長時間労働の教員に対して、OECDトップクラスの学力を要求するだけでなく、世界には存在しない部活動ボランティアまで依頼する」という特異な存在です。このような状態が持続可能なはずはなく、部活動が地域のクラブチームに移行するのは時間の問題でしょう。

以上が、部活動に関する現状です。かなり現実離れしたシステムで、破綻が目前であることが、ご理解いただけたかと思います。ここからは、今後の部活動についての具体的な提案です。

プラン❶ 生徒に対して、部活動の全員加入を強制しない

部活動は「生徒の自主的、自発的な参加による活動」であるため、生徒全員に強制できる法的根拠はありません。それにも関わらず、一部の公立学校では、「校則に書いてあるだろう！」という時代遅れの主張を繰り返します。さらに、部活動をやりたくない生徒に対する救済措置として、「部活動をやりたくない生徒は、○○部に入りなさい」という幽霊部活動まで用意されています。実に理不尽な話ですが、この背景には、部活動の維持費用が関係しています。「受益者負担」が原則ですが、学校全体の部活動の維持費用は、実際の部活動の生徒だけでは負担できません。つまり、「全校生徒に負担させる名目が欲しいので、全校生徒に部活動を強制する」という本末転倒なルールが横行しているだけの話です。なお、スポーツ庁からは、以下のようなガイドラインが出ていますが、部活動を強制する学校は、このような情報を知らないようです。

Q8　部活動は生徒全員が参加しないといけないのですか。

中学校、高等学校の学習指導要領の総則においては、部活動は、「生徒の自主的、自発的な参加により行われる」とあるように、同好の生徒の自主的・自発的な参加により行われるものです。こうした学習指導要領の趣旨を踏まえ、各学校においては、生徒の自主性を尊重し、部活動への参加を強いることがないよう、留意しなければなりません。

出典：スポーツ庁　運動部活動の在り方に関する総合的なガイドライン　FAQ
https://www.mext.go.jp/sports/b_menu/sports/mcatetop04/list/detail/1405721.htm

最も簡単な解決方法は、PTAにお願いして、「部活動をしていない生徒の保護者にも、金銭的な負担を了承してもらうこと」です。全員加入ではない多くの公立学校では、この方法を採用しています。

プラン❷　希望する職員のみ、部顧問を引き受ける

前述の通り、部顧問は完全ボランティア扱いです。たとえ「全員顧問制」という服務規定があったとしても、法的根拠は何もありません。これまでは、多くの教員が義務であると勘違いしていて、「あの教員は、○○部の顧問なのに何もしない」という陰口をたたいていましたが、このような不毛な争いはこれで終了です。来年度からは、部活をやりたい教員だけが引き受けて、それ以外の教員は、部活以外の本業に専念しましょう。現在の私も、部顧問を引き受けていません。

プラン❸　校長と教頭が、第１顧問を引き受ける

校長と教頭がボランティアをしていないのに、ヒラの教員にボランティアを依頼するのは、ずいぶんと身勝手な話です。管理職が「忙しいから部顧問は無理です」と反対しても、それは組織全体の業務量を管理できない自分自身の責任です。逆に、労働者である教員が「忙しいから部顧問は無理です」と主張したときには、労働者を適切に管理できない管理職の責任となります。

プラン❹　校長と教頭は、１人で２つの部活動を、第１顧問として担当する

スポーツ庁のガイドラインには、休養日についての記述がありますが、その対象は生徒であって、部顧問ではありません。以下の表にように、週４回の部活と、週３回の部活を、１人の人間が２つ同時に主担当になっても、法令・条例・指針・ガイドラインには全く抵触しません。ただし、このような離れ業は、文字通り「定額働かせ放題」である校長と教頭だけに限定されます。

	日	月	火	水	木	金	土
部活Ａ（週４）	○	休み	○	休み	○	○	休み
部活Ｂ（週３）	休み	○	休み	○	休み	休み	○

プラン❺　ゆる部活を新設する

「ゆる部活」とは、「勝ちを目指さず、生徒の居場所づくりの部活動」という意味合いです。以下のスポーツ庁広報Webマガジンでは、「体力向上部」「レクリエーション部」「ヨガ同好会」などが紹介されています。

出典：スポーツ庁広報Webマガジン
“勝つ”ことがすべてじゃない！　多様なニーズに応えるイマドキの部活動「ゆる部活」をレポート
https://sports.go.jp/tag/school/post-13.html

ゆる部活を新設するならば、その目的は、①教室以外の人間関係、②協調性とチームワーク、③体力の向上、などに限定したほうが良いでしょう。具体的な案は、生徒自身にアイディアを出させてみるのも面白いかもしれません。ただし、ゆる部活を新設するときには、スクラップ＆ビルドの原則を守らなければ、また学校の業務が増えてしまいます。

プラン❻　既存の部活動を、ゆる部活に路線変更する

既存の部活動は、勝利至上主義に引っ張られます。これらを、純粋に楽しむだけの「ゆる部活」に路線変更してみてはいかがでしょうか。具体的には「硬式野球部→草野球同好会・三角ベース同好会」「バスケ部→スリーオンスリー同好会」「サッカー部 → フットサル同好会」「新聞部 →

カベ新聞同好会」などが挙げられます。

プラン❼　高体連の登録費用は運動部員が負担し、高文連の登録費用は文化部員が負担する

高体連（高等学校体育連盟）や高文連（高等学校文化連盟）への登録は、学校単位で行うため、「全校生徒の人数×○○円」です。登録費用は自治体ごとに異なるようですが、高体連が年間550円で、高文連が年間450円というのが相場のようです。このとき、部活動に未加入の生徒も、高体連と高文連へ合計1,000円を支払っています。ベネッセ総合研究所「子どもの生活と学びに関する親子調査2017」では、高校生全体の部活動の加入率が示されています。それによると、運動部が39.0％、文化部が25.9％、両方加入が1.4％、未加入が31.7％、無回答・不明が2.0％となっています。全校生徒を480人（１学年４学級で全校で12学級）と仮定し、運動部・文化部・未加入のデータだけに注目すると、以下のような結果になります。

	運動部(39.0%)	文化部(25.9%)	未加入(31.7%)
全校生徒480人	187.2人	124.3人	152.2人
登録負担金	高体連 264,000円	高文連 216,000円	0円
1人当たり	1,410円	1,737円	0円

このとき、運動部の生徒だけが高体連の登録負担金を支払うと仮定すると、１人当たり年間1,410円となります。同様に、文化部の生徒は1,737円で、未加入の生徒は支払う必要がなくなります。どちらも金銭的には許容範囲内でしょう。受益者負担の原則を追及し、「運動部は高体連を負担・文化部は高文連を負担・未加入は負担しない」というルールをお勧めします。

プラン❽　高体連と高文連に登録しない

スポーツや芸術を楽しむために、対外的な試合やコンクールに参加して、順位付けする必要はありません。そのため、活動領域を学校内に限定すれば、高体連と高文連への登録は不必要です。本当に公式戦が必要なのかどうか、冷静に話し合うことをお勧めします。

プラン❾ 3年生が引退したら団体戦を維持できない部活は、廃部を検討する

ベネッセ総合研究所「子どもの生活と学びに関する親子調査2017」では、高校1年生について、男子の部活加入率（運動部が63.7％・文化部16.0％）と、女子部活加入率（運動部が38.9％・文化部40.3％）が公表されています。新入生が120人で、男女比が同じである仮定すると、予想される新入部員は以下のようになります。

	運動部	文化部
高1男子（60人）	38.2人	9.6人
高1女子（60人）	23.3人	24.2人
合計　120人	61.5人	33.8人

男子が加入できる運動部が10団体のとき、新入生の平均は4人を下回ります（38.2人÷10=3.82人）。例えば、公式野球部の新入部員が4人で、同じく2年生が4人だった場合は、3年生が引退した途端に8人となってしまい、単独での試合出場は不可能です（野球は9名）。裏ワザとして、近隣の高校と協力し合って合同チームを組むことができますが、縁もゆかりもない高校とチームを組んだところで面白いはずもありません。練習のためにお互いの高校を行き来する負担も大きく、生徒はだんだんかと部活動から足が遠のきます。3年生が引退したら公式戦に出られないような部活動は、今後も部員数が増加することはないでしょう。

プラン❿ 生徒人数に合わせて、部活動の数を減らす

上記の例では、「男子が加入できる運動部が10団体」というのは、明らかに数が多すぎます。新入生の数は決まっているのですから、毎年のように廃部の危機があることは見えています。それでも、教員はお互いのメンツがかかっているため、「じゃあ、ウチの部活を廃部にしましょうか」という発想にはなりません。ここは、企業の「選択と集中」という方針を採用し、すべての部活に広く浅く人員を割くのではなく、「ウチの高校は○○部が強い」という看板を掲げたほうが、集客力もアップするのではない

でしょうか。お互いのために、早めに結論を出すことをお勧めします。

プラン⑪　新入部員がゼロだった部活動は、同好会に格下げする

新入部員がゼロであれば、「その部活動は必要とされていない」か「生徒人数に対して部活動の数が多すぎる」という２つの理由しかありません。サッカーのＪリーグでは、成績が下位のチームは、どんなに地元から愛されていようとも、格下げされてしまいます。同じように、新入部員がゼロならば同好会に格下げし、公式戦には出場させないという英断が必要です。必要性の低い部活動は淘汰して、必要性の高い部活動にのみ注力するというのが、今後の生き残り戦略です。

プラン⑫　新入生がゼロだった同好会は、次年度以降の募集を行わない

上記の提案の発展形です。同好会の新入生がゼロだった場合には、その時点で廃止を決定したほうが良いでしょう。さすがに、在校生が活動しているのに同好会を廃止にするのは角が立ちますので、「次年度以降の募集停止」にして、ゆるやかに廃止するのがベストです。多くの生徒から必要とされている同好会ならば、すぐにでも部活に昇格できるでしょうし、誰も入らなかった同好会は、本当に誰にも必要とされていないということです。

プラン⑬　地域のスポーツ少年団に指導をお任せして、公式戦のときだけ教員が引率する

スポーツ少年団は、公益財団法人日本スポーツ協会が設立した公的な団体です。スポーツ少年団では、高体連・高文連の公式戦には出場できませんが、公式戦のときだけ教員が引率するという方法でも問題ありません。特に水泳やスキーなど、学校の部活動では難しい競技では、ごく普通に行われています。経験の浅い部顧問が指導するよりも、地域スポーツの指導者にお任せしたほうが、生徒にとってメリットが大きいのではないでしょ

うか。

プラン⑭　吹奏楽部は、地域の吹奏楽団にお任せする

これも上記のスポーツ少年団と同じパターンです。地域の楽団がどのレベルを目指しているかは様々ですが、初心者大歓迎という楽団もあるはずです。指導は楽団にお任せして、高文連のコンクールだけは教員が引率するというパターンをお勧めします。

プラン⑮　美術部・茶道部・手芸部・合唱部などは、地域の公民館にお任せする

公民館の講習と、学校の部活動が、全く同じこともあります。わざわざシロウトの部顧問が教えるよりも、公民館でプロに教えてもらったほうが有意義です。高文連の大会に出場したければ、そのときだけ教員が引率すれば良いだけです。学校祭などで成果を披露するときには、公民館で講習を受けている地域の方々も、一緒にお招きしてはいかがでしょうか。

プラン⑯　クレームをつける保護者に、外部コーチをお願いする

単独での引率が可能な「外部指導員」が導入されました。ただし、予算も人員も限られているため、なかなか普及していません。それに対して、「外部コーチ」には法的な定義がなく、有償であるか無償であるかも、地域によって異なります。教員免許がないので大会の引率はできませんが、裏を返せば、誰でも外部コーチに立候補できます。極端な話では、「プロ野球の熱烈なファンなので、野球部の外部コーチを引き受けたい」という申し出があったときに、学校側が了承すれば成立します。部活動にクレームをつける保護者に対しては、「だったら、外部コーチになってくれませんか？」と依頼してみましょう。以下は、保護者へ外部コーチを依頼するときの想定問答集です。

① 私には教員免許がありません。

→ 必要ありません。免許が必要なのは大会の引率だけです。

② 私は忙しいです。

→ 教員の多忙さは世界No.1です。過労死ラインを超えることもあります。

③ 私には経験がありません。

→ それは教員も同じです。運動部は４割が未経験です。

④ 部活は学校の義務ですよね。

→ 違います。教育課程外なので、完全なボランティアです。

⑤ お金をいただけるならば考えます。

→ 私たちと同じく、無償でお願いします。

⑥ 事故の責任は誰がとるのですか。

→ 裁判では、個人の過失が問われることもあります。

⑦ そんな条件ならば遠慮します。

→ だったら、部活動の指導は学校にお任せしてもらえませんか？

実際に、保護者とこのような問答があるとは思えませんが、このような問答が成立してしまうほど、現在の部活動は穴だらけのシステムです。

プラン⑰　すべての部活動を、平日の週３回に限定し、土日は活動しない

部活動の日数について、理想と実態に大きな開きがあるようです。次頁の図は、2019年６月26日に、栄光ゼミナールが中１から高３の保護者189名へのネット調査を行った結果です。

このデータによると、実際の部活動の回数（下段）は、週に５回(29.3％）が最多です。ただし、保護者が適切だと思う回数（上段）は、週３回（37.8％）が最多です。現実問題として、週３回の練習量では、公式戦で勝ち進めるはずもありません。結局のところ、保護者が部活動に期待していることは、「人間関係の広がり・協調性やチームワーク」などであり、決して「試合に勝ちぬいてほしい」ということではないようです。つまり、週に５回もの部活動を行うのは、部顧問としては「保護者からの

部活動は、週何回程度行われていますか。また、週何回程度が適切だと思いますか。

（n=188、単一回答方式）

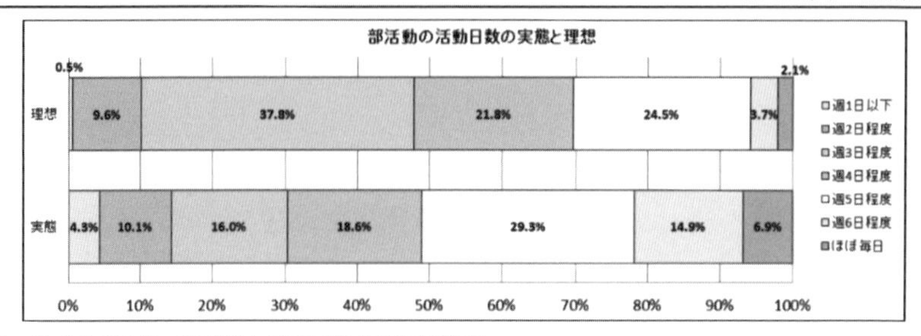

出典：株式会社栄光　部活動と勉強に関する実態調査
https://www.eikoh.co.jp/upimgs/201906bukatsu.pdf

プレッシャーがあるので仕方なく…」という理由であり、保護者からは「先生が熱心にやるから仕方なく…」という理由です。特に土日は、保護者にとっては家族と過ごす時間であり、教員にとってはハードワークの疲れを癒し、家族サービスを行う時間です。もはや「平日の３回のみ」というお互いのゴールが見えているのですから、教員の側から「平日の３回のみにしたいのですが…」という提案をすることをお勧めします。

プラン⑱　試合直前に、むやみに練習量を増やさず、疲労抜きをする

プロのスポーツ選手は、試合にピークを合わせるために、１週間前は練習量を落として、体の回復に努める「疲労抜き」を行います。しかし、一般的な部顧問は、試合直前に練習量を増やします。その結果、疲れを蓄積させることになり、試合当日には満足できる結果を出せません。プロと真逆のことを行っているのは、「部顧問がスポーツのシロウトだから」の一言に尽きます。教員は、「テスト前日に一夜漬けをしても本当の学力は身に付かない。毎日の積み重ねが…」というお説教をしますが、同じことがスポーツにも当てはまることを理解していないようです。

プラン⑲　部活ノートは廃止する

「部活ノート」とは、生徒が部顧問に提出する交換日記のようなものです。本来は、部活の練習メニュー・反省点・改善策を記入するのですが、その多くは「気合いだ！　努力だ！　根性だ！」という昭和の根性論となります。運動部の顧問の４割がシロウトなのですから、技術面よりも精神面が先行してしまうのは仕方がないことでしょう。なお、吹奏楽の部活ノートは、「みんなで心を１つにして…」というように、ほぼ100％が精神論となります。そもそも学生の本業は勉強なのですから、部活ノートを書くくらいなら、体を休めるか勉強するかのどちらかにしてほしいと思います。

プラン⑳　部活動の予算は、使い切る必要がない

部活動にも、「予算を使い切らないと、次年度の予算が削られる」という雰囲気があります。このような無意味な猜疑心により、膨大な予算が無駄な物品購入に浪費されてきました。これを避けるために、「本当に必要なものだけを予算請求してください。わざわざ使い切らなくても次年度の予算は下げません。何か大きな物品を買いたいときには、個別に相談に応じます」という新ルールを提案してはどうでしょうか。この提案は業務削減には直結しませんが、あまりにも保護者のお金を無駄遣いしているので、あえて記載させていただきました。

プラン㉑　常勤講師と非常勤講師は、本人が希望しても部顧問から外す

常勤講師と非常勤講師は、年度ごとの契約なので雇用は不安定です。非正規雇用の教員が校長から呼び出され、「○○部の顧問を引き受けてくれませんか？」と依頼されたら、いったい何人が断れるでしょうか。現在の公立学校では、パワハラのお手本のような強制ボランティアが常態化しています。特に教員採用試験を目指す若手であれば、「部活動の顧問は遠慮したい。自分の採用試験の勉強をさせてほしい。まずは雇用を安定させたい」というのが本音のはずです。「本人が希望したから部顧問にした」と

いう校長の言い訳を防止するためにも、「本人が希望しても部顧問から外す」くらいの厳格なルールが必要ではないでしょうか。非正規雇用の教員に残酷な仕打ちを続けていると、そのうち教育現場から誰もいなくなってしまいます。

プラン㉒ 辞めたい生徒を、無理に引き止めない

部活動は、「自主的、自発的な参加により」行われます。辞めたい生徒を無理に引き止める理由は一切ありません。ただし、自分のメンツをつぶされたと感じるプライドの高い部顧問は、「ここで逃げ出すと、オマエは一生、負け犬だ。この先ずっと、不幸な人生を送るぞ。それでも良いのか！」という、何の根拠もない恫喝で生徒を引き止めようとします。もはやブラック企業と同じ手口です。また、「あなたが辞めると組織が回らない。考え直してくれないか…」と情に訴えかける部顧問もいますが、これも倒産間際の企業と同じです。部員減少の部活動と、離職率の高い企業の特徴を、以下の表にしてみました。

	部員減少の理由は？	離職率が高い理由は？
①	活動内容に魅力がない	業務内容に魅力がない
②	人間関係が悪い	パワハラやセクハラなどの嫌がらせが多い
③	部活数が多すぎて新入生を奪い合う	競争の激しい市場で人材を奪い合う
④	限界を超えた過剰な練習量	ブラックな労働環境

これらの理由は、部活動でも企業でも、1個人では解決のしようがありません。たとえ短期的な一時しのぎに成功しても、根本的に改善しなければ、いずれ破綻するのは目に見えています。また、生徒に対して「自分の意志で組織を抜ける」という訓練をさせておかなければ、間違ってブラック企業に就職したときに、辞めたくても辞められない社畜（家畜のように会社に身を捧げる人）を生み出してしまいます。嫌なものを嫌と主張することは、とても大事なことだと思うのですが、いかがでしょうか。なお、教員の離職率もなかなかの状況で、その理由は④の「ブラックな労働環境」でしょう。破綻するのも時間の問題かもしれません。

プラン㉓　部活動について、生徒と保護者にアンケートを実施する

最終的には、公立学校の部活動は消えてなくなることが予想されます。仮に、仕事のできる校長が、「今後３年間で部活動を半減し、６年以内に部活動を全廃します」と大ナタを振るったとしても、部顧問からは「もし生徒や保護者からクレームが来たらどうするんだ」という反論が予想されます。そもそも、生徒や保護者は、現在のような部活動を本当に希望しているのでしょうか。教員が教材研究を後回しにしたり、生徒に長時間の過酷な練習を強制していたり、という現状を、いったいどの程度の人間が望んでいるのでしょうか。これを直接的に確かめるには、前述の栄光ゼミナールと同じようなアンケートを、生徒と保護者に実施するだけで済みます。アンケート用紙の印刷には１時間もかかりませんし、集計作業も分担すれば半日もかかりません。ただし、一部の部顧問はアンケートの実施を極端に嫌うはずです。つまり、生徒や保護者から、「部活動など不必要です。教員は勉強を教えてください！」と断罪されてしまうと、「熱心に部活動を指導したい」という自分自身の存在意義がなくなってしまいます。部活動の重要性は学校によって異なりますので、まずは、アンケートを実施して、その学校の方向性を決めることが重要です。

プラン㉔　生徒の成績を上げられない５教科の教員は、部活動から足を洗う

自分が何のために雇われているかを理解せず、生徒の成績が上がらない事実に目を背けて、部活動に没頭する教員もいます。それが進学に直結する５教科の教員であれば、生徒にとっては致命的です。これまでは「ボランティアだから」という理由で、成績を上げられない教員でも、部活指導にのめり込むことが黙認されてきました。ただし、サービス残業が年360時間に制限された以上は、部活動から足を洗い、本業に専念しなければなりません。

LGBTQと校則についての業務改善プラン

この附章は、業務削減ではなく、LGBTQに対する教員の意識改革を目的としています。現在の校則の一部は、「男性とは、こうあるべき」とか「女性は、こうあるべき」という旧態依然とした価値観を前提としています。教員側も本音では、「こんな古臭い校則では、LGBTQに対する加害者だよなぁ…」と認識しているのですが、校則は守らせなければなりません。この際、LGBTQに対応できていない校則を廃止して、LGBTQの児童生徒が気持ちよく学校生活を送れるように意識を変えてみてはいかがでしょうか。

1．日本でのLGBT層の割合は8.9%で、左利き11%・AB型10%とほぼ同じ

電通ダイバーシティ・ラボから、「LGBT調査2018」の結果が発表されました。この調査は、全国20〜59歳の個人60,000人を対象としています。その結果、LGBTを含む性的少数者（＝セクシュアルマイノリティー）は、8.9%というデータが示されました。日本での左利きの割合は約11%で、血液型がAB型の割合は約10%なので、それに近い割合と考えても良いでしょう。なお、LGBTとは、L（レズビアン：女性の同性愛者）、G（ゲイ：男性の同性愛者）、B（バイセクシュアル：両性愛者）、T（トランスジェンダー：身体的ジェンダーと性自認が異なる人）の性的マイノリティの略称です。また、Q（クエスチョニングまたはクィア：わからない人／自分の性を決めていない人）という概念を追加し、LGBTQと表現されることもあります。

2．LGBT は「10人に１人」というデータも示された

LGBT 総合研究所が、約34万８千人へのアンケート結果として、約10%が LGBT と呼ばれる性的少数者に該当するというデータを発表しました。調査機関や調査方法により多少の変動がありますが、これまで教員が認識していたよりも、はるかに多い人数のようです。10人に１人であれば、１クラス40人のうち４人が該当します。

3．文科省の HP に、支援の事例が紹介されている

文科省の HP では、学校における支援の事例を紹介しています。学校の実情によって制約はありますが、実施しやすいものから導入してみてはいかがでしょうか。

項目	学校における支援の事例
服装	自認する性別の服装・衣服や、体操着の着用を認める。
髪型	標準より長い髪形を一定の範囲で認める（戸籍上男性）
更衣室	保健室・多目的トイレ等の利用を認める。
トイレ	職員トイレ・多目的トイレの利用を認める。
呼称の工夫	校内文書（通知表を含む）を児童生徒が希望する呼称で記す。 自認する性別として名簿上扱う。
授業	体育又は保健体育において別メニューを設定する。
水泳	上半身が隠れる水着の着用を認める（戸籍上男性）。 補習として別日に実施、又はレポート提出で代替する。
運動部の活動	自認する性別に係る活動への参加を認める。
修学旅行等	１人部屋の使用を認める。入浴時間をずらす。

出典：文部科学省　性同一性障害に係る児童生徒に対するきめ細かな対応の実施等について
平成27年４月30日
https://www.mext.go.jp/b_menu/houdou/27/04/1357468.htm

このように、すでに「性別」という概念が大きく変化しています。LGBTQ への対応を先延ばしにしていると、自分の存在が無視されていると受け取ってしまい、自傷行為や自殺の危険性も高まります。ここから提案するルール変更は、教員の人権意識が高ければ、すぐにでも実現できるものばかりです。

ルール【1】 クラス名簿を、男女混合名簿に変更する

クラスの出席番号は、「戸籍上の性別で分ける」または「男女混合で氏名の順番にする」のが一般的です。どちらの方法でも大きな不都合はなく、内科検診や体育の授業が少し不便という程度です。ただし、大きな不便がないにもかかわらず、LGBTQ に対する教員の意識が低いことが原因で、男女混合名簿はあまり浸透していません。手間も費用も必要ないのですから、まずは男女混合名簿を検討してみてはいかがでしょうか。

ルール【2】 生徒の呼び方を、男女とも「○○さん」で統一する

文部科学省の調査によると、小学校の約3割が、男女とも「○○さん」と呼んでいるそうです。全くお恥ずかしい話ですが、私自身もこれまでは、男子は「○○くん」、女子は「○○さん」と呼んでいました。ただ、LGBT が10人に1名というデータが示された以上は、「○○さん」で統一したほうが良いと感じています。現在は、男女とも「○○さん」で呼ぶようにしています。

ルール【3】 男女別の制服を継続し、どちらでの制服も自由に選べる

多くの学校では、男女別の制服が採用されています。ただし、LGBTQ に配慮して、戸籍上の性別に関係なく好きなほうの制服を選べるという学校も増えてきています。この方法ならば、「どちらでも OK ですよ」と学校側が宣言するだけで、次の日からでも実行できます。ただし、教員・生徒・保護者・地域の意識を高めることが大前提です。LGBTQ をカミングアウトするのとほぼ同義であり、リスクの高い選択です。

ルール【4】 女子のスカートだけでなく、スラックスも認める

学校によっては、上はセーラー服のままで、下はスラックスの組み合わせでも OK という折衷案を採用しています。制服業者に新しいスラックスを発注するため、実施には数か月の期間が必要です。また、「スカートは寒いので…」とか、「スラックスのほうが動きやすいので…」という理由

にすれば、何の違和感もなく実施することができます。なお、男子の制服についても、「上は詰襟で下はスカート」という逆パターンも許可したほうが良いでしょう。これまでの概念にとらわれず、柔軟に対応していただければと思います。

ルール【5】ユニセックスの制服に変更する

男女の区別がつきにくい、ユニセックスの制服もあります。上はブレザーで、下はスラックスというパターンになります。この場合、「どうしてもスカートをはきたい」という生徒のために、オプションでスカートを準備しておいたほうが良いでしょう。ただし、制服の変更には、膨大な時間と労力が必要です。具体的には、「教員側の意思を統一する → 同窓会やPTAへ相談する → 業務の入札と選定を行う」など、非常に煩雑な手続きが必要です。ワンマン校長のゴリ押しであっても、少なくとも3年はかかることが予想されます。管理職は2年程度で異動になりますし、教員も数年ごとに入れ替わってしまいます。そのため、もし制服のリニューアルを決定しても、年度をまたいでしまうと、「どうして、わざわざ制服を変えなければならないんだ！」となって、最初の意思決定からやり直しです。下手をすると「創立○○周年を記念に…」という提案さえ出てくる始末です。10人に1人という割合で困っている生徒がいるのに、どうして創立○○周年まで待つ理由があるのでしょうか。残念ながら、ユニセックスの制服は、時間がかかり過ぎるという致命的な欠点があります。

ルール【6】私服OKにして、制服でも私服でも、自由に選べるようにする

LGBTQへの対応として、最も確実なのは「私服OK」とすることです。自分の戸籍上の性別にこだわる必要はなく、自由に服装を選べば良いだけの話です。この提案のポイントは、現在の制服を、希望者だけが購入する「標準服」として残すことです。制服を残すことで、「あのカワイイ制服にあこがれていたのに、廃止になってしまった！」という新入生の減少を、多少は防ぐことができます。この提案について、さまざまな賛否両論があ

ることは承知しています。以下に、代表的な疑問や反論をまとめてみました。

ルール【7】 私服OKにすることの疑問① 「私服は高くつくのでは？」

高校３年間でかかる私服の総額は、個人によってピンキリです。生徒や保護者が「私服は高くつく」と判断するのならば、標準服（現在の制服）を選んでもらえば良いだけです。このとき生徒や保護者からは、「どのくらいの私服ならばOKですか？」という質問が来るはずです。多くの学校で制服が残っているのは、このような質問にいちいち答えるのが面倒だからというのも理由の１つでしょう。このような質問には、「コンビニに行けるレベルでお願いします」という基準を示せば十分です。また「学校HPに全校集会の生徒を後ろから撮った写真がありますので、参考にしてください」とすれば、より親切かもしれません。現在の私服OKの公立高校では、ジャージ・パーカー・デニム・スウェットなどが多く、落ち着くところに落ち着いているようです。

ルール【8】 私服OKにすることの疑問② 「私服を許すと、学校が荒れるのでは？」

よく聞く学校関係者のウワサとして、「私服OKにしたら学校が荒れてしまった」というものがあります。このウワサには明確な根拠がありませんし、そもそも「荒れた」という基準すら曖昧です。結局のところ、学校全体が荒れるかどうかは、さまざまな原因を複合的に考える必要があり、「私服OKにしたから学校が荒れた」と主張するのは、そう結論付けたほうがシンプルで頭を使わなくて済むからです。逆に、「私服を廃止して、制服に戻したら学校が落ち着いた」という明確な事例があるのならば、日本全国の学校で、私服がゼロになるはずです。制服には、「荒れの抑止効果は期待できない」と割り切ったほうが良いでしょうか。

ルール⑨ 私服 OK にすることの疑問③「入学式や卒業式はどうするの？」

入学式や卒業式は、あくまでも教育活動の１つです。制服でなければ成立しない教育活動などありません。普通の授業と同じく私服 OK でも問題ありませんし、わざわざ新調する必要もないでしょう。そもそも、入学式や卒業式に出席するのは、その学校に縁のある身内だけなのですから、それほど身構えることもありません。結局のところ、公立学校の制服とは、「格式を高めたい」とか「権威がほしい」という、学校側の都合だけのような気がします。多くの教員にとっては、「学校の格式や権威なんて、どうでもいいよ」というのが本音でしょう。企業でも、「社長が自分の銅像を作り始めたら、その企業はもうおしまい」と言われますが、それと同じ話のように思えます。

ルール⑩ 私服 OK にすることの疑問④「講演者に失礼にならない？」

授業の一環として、各方面の方々に講演依頼を行うことがあります。そのときに「私服で失礼にならないか？」という疑問があるかもしれませんが、それほど気にすることはありません。講演依頼をするときに、「ウチの学校は私服が基本ですが、それでも構いませんか？」と事前に打診するだけで済みます。

ルール⑪ 私服 OK にすることの疑問⑤「服装指導はしなくて良いの？」

私服 OK としたからには、標準服を着崩す生徒がいたとしても、「標準服を着るならルールを守れ！」という服装指導をする必要はなくなります。制服のある多くの学校では、「どうしてスカート丈がそんなに短いんだ。腰で折り曲げて、短く調節しているんだろう！」と、無意味で不毛な服装指導を続けています。もしかしたら、みなさんも経験があるのではないでしょうか。教員も内心では、「こんなくだらないことのために、教員になったんじゃないんだけどなぁ…」とボヤきながらも、「校則があるから仕方なく…」と指導しています。なお、服装指導に厳しい教員が、私服

OKの学校に異動しても、「この学校は私服なんですね、ふ〜ん…」という薄い反応を示すだけです。決して、「前の学校と同じように制服を導入しよう！ そして規律を高めよう！」などと声高に主張することはありません。誰も得をしないルールを、手間暇かけて追加する必要はないからです。

ルール⑫ 私服OKにすることの疑問⑥ 「地域からの苦情は？」

教員特有の考え方ですが、「もし地域から苦情が出たらどうするんだ？」という忖度を行うことがあります。具体的には、「どうして私服OKにしたんだ？ 学校が荒れる原因になるじゃないか？」というクレームが予想されます。このようなクレーマーは、「学生は制服を着るべきである」という凝り固まった考え方に執着していて、場合によっては教育に関する自論を延々と力説することもあります。もし、「LGBTQへの配慮で、私服OKとしました」という事情を聞き入れてもらえなかった場合には、威力業務妨害としてすみやかに警察に通報しましょう。

ルール⑬ 私服OKにすることの疑問⑦ 「定着するまで何年かかる？」

既存の「○○は○○するべき」というルールは、絶対的なものではなく、流動的に変化するものです。私服OKというルール変更があったとしても、あっというまに受け入れられるはずです。私が個人的に「ひと昔前と違うなぁ」と感じたものを、以下の表にまとめてみました。

	ひと昔前では…	現在では…
運動部のウサギ跳び	定番の練習メニュー	関節を痛めるので廃止
運動部の給水	飲んだら半殺し	適度に水分補給
小学生のランドセル	男子は黒・女子は赤	24色から自由に選べる
小学校の男子トイレ	小と大が分かれている	大のみ（恥ずかしいからという理由）
小学校の運動会	保護者もビールOK	アルコール類はご遠慮ください
会社員の服装	スーツにネクタイ	クールビズ・ウォームビズ
会社員の残業	24時間 働けますか〜♪	残業は月45時間・年360時間まで
正月の年賀状	冬の風物詩	あけおめ ことよろ メール

カブトムシのエサ	スイカが定番	専用ゼリーのほうが長生き
プロ野球のピッチャー	肩を冷やしてはいけない	肩は消耗品なのですぐに冷やす
自衛隊の訓練	シゴキが基本	パワハラに配慮して、ほどほどに

同じように、私服OKに変更しても、ほんの数年で違和感がなくなるはずです。もしかしたら、戸籍上の性別だけでなく、「学校は○○するべき」とか、「生徒は○○するべき」という固定観念が通用しない時代なのかもしれません。

あとがき

私は教職歴13年目の単なるヒラ教員です。北海道の小さな公立高校で勤務しています。

これまでの私は、「これって、本当に学校の仕事なのかなぁ…」という違和感をもちながらも、毎月のように勤務時間が過労死ラインを超えていました。ただ、多くの同僚が教育界を去ったり、まだ若いのに他界したりするという経験をするうちに、自分の中の違和感が少しずつ大きくなっていきました。決定的だったのが、学級数が減り、職員数が大幅に減員されたことです。定員割れの予兆は何年も前からあったのですが、業務量を減らす準備をしていなかったため、職員１人当たりの業務量か爆発的に増えました。「このままでは全員が共倒れになる。誰かが何とかしなくちゃ…」と、具体的な業務削減プランを提案し続けました。その結果、部顧問を拒否し、全力で定時退勤を目指すようになりました。

現在の私は、同僚からは奇異の目で見られ、教頭や校長からは煙たがれています。それでも、職員全員が、「このままではマズい…」という危機感を共有しているため、私の主張を理解してくれる同僚も、少なからず存在しています。また、北海道民特有の大らかな職場であることも、私にとってはプラスに働いているようです。

教員のご家族の方々へ 「放置すると、死に至るかもしれません」

現在の多くの教員は、明らかに過重労働です。本人が仕事にやりがいを感じていても、精神的にも肉体的にも、確実にダメージが蓄積していきます。お休みの日には、ゆっくりと休ませてあげてください。また、心身の異常のサインを見逃さないでください。そのまま放置すると、最悪の場合には死に至ります。なお、表面上は問題のない教員にも、「転ばぬ先の杖」として、本書をプレゼントすることをお勧めします。

教員志望者の方々へ 「今は、やめておいたほうがいいですよ…」

これが現在の教育界です。今後も劇的に改善される見込みはありません。教員という職業に魅力があるのは事実ですが、心身ともに健康であっても、常に死の危険と隣り合わせです。特に常勤講師は、雇用が不安定なのに正規教員よりもブラックなので、全くお勧めできません。それでも教員を目指すという強い覚悟があるならば、同じ志を持つ者として歓迎させていただきます。ただし、「その覚悟があるならば、教員に限らず、どの分野でも通用しますよ」とだけ申し添えておきます。本書が現場に届くことにより、皆さんの進むべき道の露払いをさせていただければ、これに勝る喜びはありません。

教育界を去った方々へ 「ホワイトになったら、戻ってきませんか…」

皆さまが教育界を去ったのは、決して教員という職業に魅力がなかったわけではなく、単純に「勤め先がブラックだった」の一言に尽きるはずです。学校がホワイトに戻った暁には、ぜひ復職をお勧めします。自治体によっては、「小論文と個人面接のみで合格」や「レポート提出と個人面接で合格」などの優遇措置を用意しています。また、校種によっては「競争倍率が1.2倍」という冗談のような自治体もありますので、目をつぶっていても楽勝のはずです。ぜひご検討ください。

児童生徒のみなさんへ 「勉強の質問や、困りごとの相談は、いつでも遠慮なくどうぞ」

みなさんが毎日会っている先生の中には、本当に死にかけている人もいます。ただし、授業の質問や悩み相談であれば、遠慮なく近くの先生を頼ってください。本来の仕事で命を落とすのであれば、それは仕方のないことです。ただ、あまりにも忙しすぎることで、対応が少しだけ後回しになるかもしれません。先生方も、あまり必要ではない仕事を減らして、みなさんが困らないように努力をしていますが、世界No.1の仕事量があるので、つい後回しになってしまうこともあります。この本がうまく役に立てば、もっとみなさんのためになる業務に集中できるのですが、もう少しだけ時間がかかりそうです。ごめんなさい。

保護者・地域の皆さまへ 「ぜひとも、ご理解とご協力をお願いいたします」

現在の教員は、明らかにサービス過剰で、生徒にとって何が本当に大切なのかを見失っています。教員には善人が多いため、自身が過労死ラインを超えていても、頼まれれば何でもホイホイと気軽に引き受けてしまいます。本書の中には、みなさまのご理解なくしては成立しない業務削減プランが含まれています。もし教員側から業務削減の提案があったら、寛大な心でご了承いただければと思います。よろしくお願いいたします。

文部科学省および自治体の関係者へ 「ご容赦ください」

本書の出版により、皆さまを不快な目に合わせることは承知しております。深くお詫び申し上げます。ただ、「このままでは日本の公教育が破綻する」という点については、私たち教育関係者の見解は一致しているはずです。みなさまが現場に対して、「もう勘弁してください。このままブラックが続くと、教員のなり手が１人もいなくなってしまいます…」という本音のメッセージを何度も送り続けてくださっていることは承知しています。ただ、現場の教員は、膨大な業務に忙殺されて、みなさまの声に耳を傾ける余裕がありません。もし、本書が現場に届いて有効に機能すれば、少なからず教員の意識に変化をもたらし、働き方改革が少しだけ前進するかもしれません。本書の出版について、寛大なお心でご容赦いただければと思います。

学事出版・花岡萬之 様へ 「何から何までお世話になりました」

出版社にお勤めの方々は、教員よりもさらに忙しいと聞いたことがあります。出版経験のない無名のヒラ教員から、「働き方改革についての本を書きたいのですが…」という突然のメールがあったとしても、普通は門前払いするはずです。それなのに、企画書をていねいに見ていただき「なかなかおもしろそうですね。やりましょう」と、二つ返事でOKしてくださった寛大なお心に感謝しております。本書の出版により、過労死する教員が1人でも2人でも減れば、それは学事出版の花岡萬之様のおかげです。ありがとうございました。

現職の教員の方々へ　「死なない程度に頑張りましょう！」

少しはお役に立てたでしょうか。92万人の同僚から、「共感しかない！」という声が聞こえてくるようです。これまでは、「働き方改革の必要性は痛感しているが、具体案がなくて進まない…」とお困りだったはずです。本書により、過労死ライン越えが常態化している教員を減らすことができれば、同じ教育界に身を置くものとして嬉しく思います。お互いに、死なない程度に頑張りましょう！

【著者紹介】
笹森 福男 （ささもり ふくお：ペンネーム）
北海道生まれ。他県で常勤講師と教諭の経験をしたのち、北海道の教員採用試験を受け直して採用される。５つの学校を経験し、現在は小さな公立高校で勤務中。勤務校に迷惑がかからないようにペンネームにて執筆。

今日からできる教師の業務削減プラン150

2020年10月15日 初版第１刷発行

著 者――笹森福男
発行者――花岡萬之
発行所――学事出版株式会社
〒101-0021 東京都千代田区外神田2-2-3
電話03-3255-5471
http://www.gakuji.co.jp

編集担当 花岡萬之
装 丁 精文堂デザイン室 内炭篤詞
印刷製本 精文堂印刷株式会社

ISBN978-4-7619-2662-5 C3037